PERFIL DEL AGRESOR SEXUAL EN LA TÉCNICA DE RORSCHACH

Figueroa Alcorta, Verónica
   Perfil del agresor sexual en la técnica de Rorschach / Verónica Figueroa Alcorta y Yanina Strano. - 1a ed. - Ciudad Autónoma de Buenos Aires: Prosa y Poesía Amerian Editores, 2015.
   80 p. ; 22x15 cm.

   ISBN 978-987-729-096-7

   1. Criminalística. I. Strano, Yanina   II. Título
   CDD 363.25

Fecha de catalogación: 16/04/2015

PROSA Editores, 2015
Uruguay 1371 - C.A.Bs.As.
Tel: 4815-6031 / 0448
ventas@prosaeditores.com.ar

ISBN Nro: 978-987-729-096-7
Hecho el depósito que marca la ley 11.723

PERFIL DEL AGRESOR SEXUAL EN LA TÉCNICA DE RORSCHACH

Verónica Figueroa Alcorta

Yanina Strano

PROSA
EDITORES

Agradecimientos:
A todas aquellas personas que confiaron en nosotras
y a nuestras familias por su apoyo incondicional.

Prólogo a la presente edición

Este libro fue producto de un arduo trabajo, donde no solo exploramos un campo poco investigado en nuestro país, sino que también se pusieron muchas cuestiones en juego a la hora de entrevistar a los abusadores sexuales, como nuestros valores, educación, nuestra feminidad y sobre todo nuestra subjetividad.

Consideramos que el mayor desafío estuvo en la elección de los sujetos y la toma de la técnica en sí, ya que fue difícil no quedar en el lugar de objeto o al decir de Lacan de "resto". Quizá no sea casualidad que nos hayamos demorado un tiempo considerable – cuatro años- en la culminación de la investigación, pero no nos fue fácil la disociación operativa ante semejantes despliegues que hacían los sujetos estudiados.

El acento inicial, del que da cuenta el título del libro, fue puesto en la pregunta acerca del "a quién", que se multiplica en distintas respuestas. Pero no se trata solo de la víctima, pues en el pasaje al acto del abuso queda involucrada la propia subjetividad a través del acto.

En nuestro país hay muchas investigaciones sobre víctimas de abuso sexual, pero no así sobre el perfil del abusador. Nuestra intención es dar a conocer el perfil del abusador sexual mediante la técnica de Psicodiagnóstico de Rorschach. Sabemos que no es un perfil acabado, pero es un comienzo.

Si bien todo comenzó como un reto para nosotras, la realidad nos muestra que hay mucho por lo que continuar investigando, quizá hoy nos parezca utópico pero así como fuimos construyendo este trabajo también nos proponemos ampliar aún más la investigación, derribando nuestros propio, prejuicios y, de esta manera, enriquecer el saber de la Psicología Forense.

Las autoras

I) INTRODUCCIÓN: PLANTEO DEL PROBLEMA

Cuando se habla de delitos sexuales, especialmente de abusadores, se tiende a pensar, idealmente, en un patrón que los identifique y nos permitiera alertarnos de quien es esa persona y de qué manera alejarnos para que nada nos suceda. Pero la realidad nos muestra que no es tan sencillo, no hay nada que los diferencie de las demás personas, por lo menos a simple vista. Lejos y hace tiempo quedo atrás la Criminología Positiva de Lombroso, donde relacionaba características físicas de las personas con los delitos. Permitiéndole a la población reconocerlo fácilmente por su físico, como por ejemplo el emblemático caso del "petiso orejudo".

Ellos son personas que parecen iguales a todas, por eso, suponíamos que la diferencia la encontraríamos buscando en lo más íntimo de ese sujeto, pero como lograrlo "si nunca llegan al consultorio para iniciar algún tipo de terapia".

En virtud de que ambas nos interesaba la problemática decidimos introducirnos en el tema, ya que se dice mucho pero se conoce poco. La mayoría de los estudios realizados son en relación a detectar (a través de diversas técnicas) indicadores de abuso en las victimas, pero no del perfil de los victimarios.

Diversos fueron los cuestionamientos que se nos presentaban a la hora de imaginar un perfil psicológico de esta población, también mucha resistencia para decidirnos a trabajar con ellos, ya que no es tarea fácil tenerlos en frente, disociarnos y así poder realizar nuestro objetivo.

Entre las tantas inquietudes que se nos presentaron, algunas de ellas fueron, como serían sus relaciones vinculares, la expresión de sus impulsos, el manejo de la agresión, su sexualidad, y si existían diferencias notorias entre aquella persona que cometía abuso sexual en el ámbito intrafamiliar, de aquellos que tomaban una víctima al azar.

Tal es así, que decidimos aventurarnos a tomar la Técnica de Rorschach a diferentes personas que están cumpliendo condena por el delito de abuso sexual.

II) HIPÓTESIS DEL TRABAJO

Considerando las problemática planteada recientemente en relación a las personas que cometieron el delito de abuso sexual, planteamos a modo de hipótesis:

"A través de la administración de la Técnica de Rorschach a personas privadas de su libertad por haber cometido el delito de Abuso Sexual, hay características comunes que nos permitan generar un perfil de personalidad.

Consideramos que los datos significativos los encontraremos en:

✓ *Conflicto en Laminas II,III,IV,VI,VIII y X.*
✓ *Predominancia de C, por sobre FC*
✓ *Predominancia de m y FM por sobre M*
✓ *Aumento de W en relación a D*
✓ *Respuestas S, y Ddr.*
✓ *Indicadores de mal pronóstico.*
✓ *Diagnóstico diferencial: Perversión*
✓ *Fenómenos especiales: Acción padecida, Contenido siniestro, Combinación Confabulatoria.*

III) METODOLOGÍA

Se trabajó con una población de abusadores sexuales algunos elegidos al azar. En su gran mayoría reincidente. Estos no son pacientes psiquiátricos ni neurológicos. Todos se encuentran privados de su libertad cumpliendo una condena por el delito que se le imputa. A si mismo las causas o caratulas que aparecen en la muestra estudiada son los siguientes: Abuso sexual con acceso carnal, abuso sexual con acceso carnal gravemente ultrajante, abuso sexual agravado por el vínculo, abuso sexual y robo/privación de libertad.

La población a la que se le administra la técnica es un total de 18 sujetos masculinos, en su mayoría con estudios primarios completo, pero secundario incompleto y solo uno, universitario.

Muchas de las víctimas eran menores de edad y el resto jóvenes.

III. 1) CONTRATRANSFERENCIA

En varios de los casos, durante la administración de la técnica, ciertas laminas (II,IV,VI,IX) produjeron en ellos disparadores que los motivaron para que comiencen a describir escenas y sucesos de su accionar delictivo, por ejemplo, la narración de cómo sucedieron los abusos y detalles de los mismos.

Esto provoco en el administrador una infinidad de sentimientos encontrados, ya que al escuchar el relato cruento de los sucesos, resulto inevitable quedar ubicado en el lugar de objeto, similar al de la víctima.

Uno como analista, sabe que el abusador desde lo discursivo iba a intentar desplegar su goce para lograr su objetivo (reedición goce perverso). Fue así que las primeras administraciones resultaron muy movilizantes y nos llevó tiempo reponernos para poder seguir con el trabajo. Luego, análisis personal de por medio, logramos adquirir la fortaleza necesaria para afrontar la situación y corrernos de ese lugar al que intentaban llevarnos. Frente a esta lucha, se observó cierto enojo por parte de estos sujetos, debido a la frustración que quizá sintieron.

IV) MARCO TEÓRICO LEGAL

Los Delitos Sexuales según la Ley:

En la actualidad la Ley 25.087[1] sancionada en el año 1999 y puesta en vigencia en mayo del mismo año, ha reformado su Titulo del Libro segundo del Código Penal, suplantando su anterior rubrica por la de "DELITOS CONTRA LA INTEGRIDAD SEXUAL".

1- Ley 25.087

Esto se relaciona de manera directa con el bien jurídicamente protegido, es decir que en la actualidad, la ley protege la integridad sexual y no la honestidad o la honra, como marcaba la ley antes de su reforma.

El bien jurídico tutelado por el delito de violación es la libertad sexual, Es el derecho que cada persona tiene para disponer, a su albedrío, de su propio cuerpo, y para elegir libremente el desarrollo de su actividad sexual.

Con estas modificaciones, la ley parte de la figura básica del ABUSO SEXUAL, luego describe dos modalidades agravadas del delito, que son <u>cuando importare un sometimiento sexual gravemente ultrajante</u> o cuando hubiere <u>acceso carnal</u>. También explica los diferentes agravantes para cada figura.

ABUSO SEXUAL

Definición

"Será reprimido con reclusión o prisión de seis meses a cuatro años el que abusare sexualmente de persona de uno u otro sexo cuando esta fuera menor de trece años o mediare violencia, amenaza, abuso coactivo o intimidatorio de una relación de dependencia, de autoridad, o de poder, o aprovechándose de que la victima por cualquier causa no haya podido consentir libremente la acción[2]".

El abuso sexual importa acciones materiales de contacto, tocamiento o aproximaciones realizados sobre el cuerpo del sujeto pasivo. Son típicas las acciones que el agente logra que la victima ejecute sobre el cuerpo de aquel, o sobre el de un tercero, o aquellas que sin importar tocamientos en partes pudendas, tienen trascendencia o significado sexual, como el de desnudar a la victima o levantar la pollera de una mujer.

También resultan típicos a la figura aquellas aproximaciones, que sin importar contactos corporales directos entre el agente y la victima o entre esta y un tercero, tienen una clara significación sexual, que por realizarse en contra de su voluntad, resultan atentatorias de la reserva y libertad sexual del sujeto pasivo, tales como obligarlo a que se desnude,

---

2- Op. Cit. Articulo 119.

que se masturbe, que toque sus partes pudendas, introduciendo objetos en su ano o vagina, etc.

Circunstancias y medios comisivos[3].

a- **Victima menor de 13 años:** cuando el sujeto pasivo es menor a 13 años es siempre típico al delito, aun cuando el sujeto pasivo haya prestado su expreso consentimiento para el acto. Por la sola razón biológica de la edad, la ley presume que el menor carece de capacidad y discernimiento para comprender el significado del acto sexual, por lo que niega existencia validez a su consentimiento.

b- **Mediante el uso de la violencia:** la ley considera a la violencia como la energía física desplegada por el agente sobre o contra el sujeto pasivo, para vencer la resistencia que este opone al abuso sexual, no consentido. La fuerza esta dirigida a lograr un acto no aceptado por la victima. Se incluye el suministro de hipnóticos o narcóticos a la victima.

c- **Mediante el uso de amenazas:** la ley toma en cuenta no la amenaza en si, sino su efecto psicológico, es decir, la intimidación, el miedo que se infunde en el sujeto pasivo. La amenaza consiste en anunciar o hacer conocer al sujeto pasivo un mal o daño futuro que el agente, o un tercero sujeto a la voluntad de aquel, le ocasionara a la persona o bienes de la victima, o a la persona o a bienes de un tercero. A diferencia de la fuerza material que priva al sujeto de la libertad física para resistirse, la amenaza o violencia moral, lo priva de la libertad psíquica para decidir, La víctima asiente el acto, por eso no ofrece resistencia física, pero su voluntad, su libertad de decisión está viciada por la coacción a la que está sometida, y que le impide oponerse por el temor que le ha causado la amenaza, a un acto que no es querido.

d- **Mediante abuso coactivo o intimidatorio de una relación de dependencia, de autoridad o de poder:** consiste en una situación de superioridad, jerarquía o preeminencia de cualquier naturaleza, tanto en el ámbito publico como privado, que tiene el agente con respecto a la victima y de la cual se vale para coaccionar o intimidar a esta, infundiéndole un temor con vinculación directa a las causas de aquella

3- ESTRELLA, O: De los Delitos Sexuales. Ed. Hammurabi. José Luis Depalma. Editor. Buenos Aires 2005. Cap. III. Pág. 42.

superioridad o preeminencia, lo que obliga al sujeto pasivo a aceptar un acto de naturaleza sexual que no hubiere consentido libremente. La subordinación puede darse en ámbitos laborales, educativos, religiosos y otros. Son situaciones donde la victima se encuentra en una condición de inferioridad y como tal de subordinación al sujeto activo. Pueden ser casos también de dependencia económica, social o sanitaria.

e- **Aprovechándose de que la victima por cualquier otra causa no haya podido consentir libremente la acción:** esto puede deberse a un trastorno de sus facultades mentales, que le impiden valorar y comprender el significado fisiológico y/o cultural del acto sexual al que se la somete. También, cuando el sujeto pasivo se encuentra en una estado de inconsciencia que lo desconecta de la realidad del mundo exterior, impidiéndole la comprensión del acto por ejemplo en los sueños anestésicos, sonambulismo, ebriedad total, desmayo, epilepsia, etc.

Agravantes del tipo básico de Abuso Sexual[4].

a- **Cuando resultare un grave daño en la salud física o mental de la víctima:**

El grave daño en la salud física o mental de la victima debe ser el resultado del delito, es decir que debe ser el resultado del abuso sexual mismo, o por la violencia desplegada, o por la fuerza desplegada de la victima para evitarlo, durante la ejecución del hecho.

El daño debe ser una consecuencia directa del abuso, es decir una relación de causalidad para que el agravante sea aplicable.

Muerte de la víctima: La muerte como resultado del abuso sexual. La muerte debe guardar relación causal directa con el abuso. Se excluye la muerte que es consecuencia de las violencias ejercida antes del hecho o después de consumado.

b- **Cuando el hecho fuere cometido por ascendiente, descendiente, afín en línea recta, hermano, tutor, curador, ministro de algún culto reconocido o no, encargado de la educación o de la guarda:** El hecho se agrava por la sola circunstancia de ser el autor uno de los parientes

---

4- Op. Cit. Pág. 56.

enumerados. Al no distinguir la ley, el parentesco puede ser legítimo o natural (derivado o no del matrimonio). No hay limitación de grados entre los ascendientes o descendientes, ni en la afinidad en línea recta. Comprende los hermanos unilaterales y bilaterales. También a los tutores o curadores. Es necesario que el autor tenga conocimiento del vínculo que lo une a la víctima.

Respecto de los ministros, la agravante alcanza no solo a los ministros de órdenes admitidas y reconocidas por el Estado (Secretaria de Cultos del Ministerios de Relaciones Exteriores y Cultos de la Nación), sino también a los ministros, sacerdotes o líderes de numerosas sectas o religiones que ninguna vinculación, admisión o autorización tienen del Estado Argentino.

Los encargados de la educación o guarda del sujeto pasivo, incluye no solo a los que por ley tienen esa obligación, como podrían ser los tutores, curadores, guardadores. También incluye a los que en una situación de hecho, existe la mencionada relación, como por ejemplo el concubino respecto de los hijos de su compañera o el que se hace cargo de un menor abandonado, etc. Respecto a la enseñanza, no solo quedan incluidos los que por encargo o función tienen esa tarea, sino todos los que forman parte de la estructura, como por ejemplo celadores o bedeles.

El encargado de la guarda, pude ser el que por ley tiene dicha función o simplemente por una situación de hecho tiene el cuidado y atención de una persona. No es necesario que convivan. Se incluyen a director del internado de menores, el concubino, el enfermero contratado para cuidar un incapaz, por ejemplo.

c- **Cuando el hecho fuere cometido por dos o más personas, o con armas:** se agrava el hecho con el concurso de dos o mas personas, esto se fundamenta en las menores posibilidades de defensa que tiene la victima frente a una pluralidad de agentes y consecuentemente las mayores facilidades para la ejecución del delito. Las personas que intervienen pueden ser autores, coautores o partícipes. Tampoco es necesario que todos abusen sexualmente de la victima.

Respecto de la utilización de armas, el fundamento de la agravante radica en el real y mayor peligro que para la vida o la integridad física de la victima importa la utilización de un arma por el agente para la comisión del abuso sexual.

d- Cuando el hecho fuere cometido por personal perteneciente a las fuerzas policiales o de seguridad, en ocasión de sus funciones: el fundamento de este agravante es la situación de preeminencia, de autoridad y poder que tienen estos funcionarios sobre el resto de los ciudadanos y que los coloca a estos últimos en una situación de mayor vulnerabilidad. Además la mayor gravedad del hecho radica en que es cometido por quien el Estado ha investido de poderes y atribuciones para protección y resguardo de las personas, para respetar la ley, y violando sus trascendentes responsabilidades, se aprovechan y abusan de aquellos atributos para la comisión del ilícito. Es necesario que sea cometido en "ocasión de sus funciones", es decir cuando están realizando un acto para el que tienen competencia funcional y territorial.

Quedan comprendidos los funcionarios de la Policía federal y provincial, Gendarmería Nacional, Prefectura Naval Argentina y la Policía Aeronáutica. Queda excluido el personal de los servicios penitenciarios ya sean federales o provinciales.

e- Cuando el hecho fuera cometido contra un menor de dieciocho años, aprovechando la situación de convivencia preexistente con el mismo: este agravante tiene muchas similitudes con las características del guardador. En este, basta la convivencia, es decir habitar bajo el mismo techo con la víctima, aunque no se tenga la guarda o el cuidado, legal o de hecho de la víctima. La ley expresamente requiere el aprovechamiento de las facilidades que para la consumación del hecho otorga esa convivencia o cercanía. La victima debe ser menor de dieciocho años.

ABUSO SEXUAL GRAVEMENTE ULTRAJANTE

Definición

"...será la pena de cuatro a diez años de reclusión o prisión, cuando aquel, por su duración o circunstancias de realización, importa un sometimiento sexual gravemente ultrajante para la victima..."[5]

Para el funcionamiento de la agravante el abuso sexual, además de contener los elementos materiales y subjetivos de la figura básica del abuso sexual, debe configurar por su <u>duración o circunstancia de realización</u>, un sometimiento gravemente ultrajante para la víctima.

Será gravemente ultrajante[6] el abuso sexual cuando por su innecesaria o excesiva <u>prolongación en el tiempo</u>, mas del que normalmente se requiere para la consumación del hecho, agrega al vejamen que por si conlleva el abuso sexual, un plus vejatorio y degradante para la dignidad de la victima. Las pautas para establecer cuál es el tiempo que debe durar la conducta abusiva para ser considerada "gravemente ultrajante", queda librada al arbitrio judicial, lo que pone de manifiesto que es un tipo penal abierto que debe ser completado por la apreciación subjetiva del juez.

Respecto a <u>las circunstancias de su realización</u>, la ley hace referencia a aquellos abusos que, por la naturaleza del acto mismo, como por los medios, lugar oportunidad, etc., en que se llevan a cabo son actos con un contenido degradante y vejatorio para la victima. Por ejemplo la utilización de otros instrumentos que no sean el órgano sexual masculino, es decir la introducción de aparatos expresamente diseñados para actividades sexuales o de otros, que sin tener estas finalidades, puedan cumplir con esta función sexual.

5- Op. Cit. Ley 25.087.

6- Estrella, O. Op. Cit. Cap. .IV. Pág. 83.

Agravantes del Abuso Sexual Gravemente Ultrajante[7].

La ley contempla los agravantes del tipo básico del abuso sexual: **a-, b-, c-, d- y e-**

Agrega para esta figura un nuevo agravante:

f-Cuando el autor tuviere conocimiento de ser portador de una enfermedad de transmisión sexual grave y hubiere existido peligro de contagio: que el autor conozca con seguridad que padece de alguna enfermedad de estas características. Al decir grave, implica que produzca efectos perniciosos de importancia para la vida o la salud de las personas –sida, hepatitis b, sífilis y otras-

ABUSO SEXUAL CON ACCESO CARNAL

Definición

"...la pena será de seis a quince años de reclusión o prisión cuando mediando las circunstancias del abuso sexual simple, hubiere acceso carnal por cualquier vía...".[8] Esto es el equivalente al delito de violación que mencionaba la ley antes de su reforma.

Este delito consiste en el acceso carnal que el hombre mantiene con persona de uno u otro sexo mediante los procedimientos o circunstancias mencionadas con anterioridad (circunstancias y medios comisivos).

El <u>acceso carnal</u>[9] es la introducción del órgano sexual masculino en cavidad, conducto u orificio de otra persona, por vía normal, la que por naturaleza es la destinada para la actividad sexual, esto es la vía vaginal, y también por vía anormal y acoplamientos sadomíticos. Así, ninguna duda cabe que al coito rectal o anal, homo o heterosexual, son accesos aptos para constituir el delito de violación.

La Ley al establecer que *"...por cualquier vía..."*, agrega con claridad y sin ningún tipo de distinción, toda vio u orificio o conducto que conduce

---

7- Op. Cit. Pág. 87

8- Ley 25.087. Op. Cit.

9- Estrella, O. Op. Cit. Cap. V. Pág. 98.

hacia el interior del cuerpo humano, entre las que se encuentra la vía bucal.

Respecto a los agravantes, son los analizados anteriormente (**a, b, c, d, e y f**)

Si bien la Ley trata otros temas como la promoción o facilitación de la corrupción de menores y mayores de 18 años, la explotación económica de la prostitución ajena, la trata de personas, la publicación de imágenes y organización de espectáculos pornográficos con menores y otros, solo fueron analizados los temas de incumbencia para el análisis y la hipótesis planteadas en el inicio de este trabajo.

V) MARCO TEÓRICO - PSIQUIÁTRICO

Según el DSM IV y en relación a las patologías analizadas dentro del presente trabajo, Parafilia y Pedofilia, ambas se encuentran nomencladas dentro de los Trastornos sexuales y de la identidad sexual.

A continuación definiremos ambas patologías.

PARAFILIA[10]

Se caracterizan por impulsos sexuales intensos y recurrentes, fantasías o comportamientos que implican objetos, actividades o situaciones poco habituales. Estos trastornos producen malestar clínicamente significativo o deterioro social, laboral o de otras áreas importantes de la actividad del individuo. Las parafilias incluyen el exhibicionismo, el fetichismo, el frotteurismo, la pedofilia, el masoquismo sexual, el sadismo sexual, el fetichismo transvestista, el voyeurismo, y la parafilia no especificada.

10- DSM-IV: Manual diagnóstico y estadístico de los trastornos mentales. Ed. Masson. Barcelona. 1995. Pág. 535.

Características diagnósticas

La característica esencial de la parafilia[11] es la presencia de repetidas e intensas fantasías sexuales de tipo excitatorio, de impulsos o de comportamientos sexuales que por lo general engloban:

1) Objetos no humanos, 2) el sufrimiento o la humillación de uno mismo o de la pareja, o 3) niños u otras personas que no consienten, y que se presentan durante un período de al menos 6 meses (Criterio A). Para algunos individuos, las fantasías o los estímulos de tipo parafílico son obligatorios para obtener excitación y se incluyen invariablemente en la actividad sexual. En otros casos las preferencias de tipo parafílico se presentan sólo episódicamente (p. ej., durante períodos de estrés), mientras que otras veces el individuo es capaz de funcionar sexualmente sin fantasías ni estímulos de este tipo. El comportamiento, los impulsos sexuales o las fantasías provocan malestar clínico significativo o deterioro social, laboral o de otras áreas importantes de la actividad del individuo (Criterio B).

Los parafílicos pueden intentar la representación de sus fantasías en contra de la voluntad de la pareja, con resultados peligrosos para ella (como en el sadismo sexual o en la pedofilia). Como consecuencia de lo anterior, el individuo puede ser detenido y encarcelado. Las ofensas sexuales hacia los niños constituyen una proporción significativa de todos los actos sexuales criminales documentados, y los individuos que padecen exhibiciones, pedofilia y voyeurismo comprenden la mayoría de los procesados por delitos sexuales. En algunas situaciones la representación de fantasías de tipo parafílico puede conducir a autolesiones (como el masoquismo sexual). Las relaciones sociales y sexuales pueden verse afectadas si la gente encuentra que el comportamiento sexual del individuo es vergonzoso o repugnante o si la pareja se niega a participar en sus preferencias sexuales.

En algunos casos, el comportamiento raro (p. ej., actos de exhibicionismo, colección de fetiches) constituye la actividad sexual principal del individuo. Estos individuos rara vez acuden espontáneamente a los profesionales de la salud mental. Cuando lo hacen es porque su com-

---

11- Op. Cit. Pág. 536.

portamiento les ha ocasionado problemas con su pareja sexual o con la sociedad.

Las parafilias que se describen en este capítulo son trastornos que se han identificado de manera específica en clasificaciones anteriores. Incluyen el exhibicionismo (exposición de los genitales), el fetichismo (empleo de objetos inanimados), el frotteurismo (contactos y roces con una persona en contra de su voluntad), la pedofilia (interés por niños en edad prepuberal), el masoquismo sexual (recibir humillaciones o sufrimientos), el sadismo sexual (infligir humillaciones o sufrimientos), el fetichismo transvestista (vestirse con ropas del sexo contrario) y el voyeurismo (observación de la actividad sexual de las otras personas). Una categoría residual, la parafilia no especificada, se reserva para otras parafilias menos frecuentes. No es raro que los individuos padezcan más de una parafilia.

Diagnóstico diferencial

La parafilia debe diferenciarse del **uso de fantasías o comportamientos sexuales no patológicos o de los objetos como un estímulo para la excitación sexual**[12] que presentan los individuos sin parafilia. Las fantasías, los comportamientos o los objetos son considerados parafílicos sólo si provocan malestar o alteraciones clínicamente significativas (p. ej., son obligatorias, producen disfunciones sexuales, requieren la participación de individuos en contra de su voluntad, conducen a problemas legales o interfieren en las relaciones sociales).

Las parafilias individuales pueden diferenciarse según las características del centro de interés parafílico. Sin embargo, si las preferencias sexuales del individuo cumplen los criterios diagnósticos para más de una parafilia, deben diagnosticarse todas. El **exhibicionismo** debe diferenciarse del hecho de **orinar en público**, lo que constituye muchas veces una excusa para justificar el comportamiento. Tanto el **fetichismo** como el **fetichismo transvestista** suponen la manipulación de prendas y artículos típicamente femeninos. En el fetichismo el foco de excitación sexual es la prenda femenina (p. ej., medias), mientras que en el **fetichismo transvestista** la excitación sexual se produce por el mero hecho de vestirse con la ropa del otro sexo. Este comportamiento puede presentarse

---

12- Op. Cit. Pág. 538.

asimismo en el **masoquismo sexual**. En este último la excitación está producida por la humillación de verse obligado a vestirse con ropa femenina y no por la presencia de las prendas. El uso de ropa del sexo contrario puede asociarse a disforia sexual. Si ésta existe, pero no se cumplen todos los criterios para el trastorno de la identidad sexual, el diagnóstico es **fetichismo transvestista, con disforia sexual**. Los individuos deben recibir el diagnóstico adicional de **trastorno de la identidad sexual** si su cuadro clínico cumple todos sus criterios.

PEDOFILIA

La característica esencial de la pedofilia[13] supone actividades sexuales con niños prepúberes (generalmente de 13 o menos años de edad). El individuo con este trastorno debe tener 16 años o más y ha de ser por lo menos 5 años mayor que el niño. En los adolescentes mayores que presentan este trastorno no se especifica una diferencia de edad precisa, y en este caso debe utilizarse el juicio clínico; para ello, debe tenerse en cuenta tanto la madurez sexual del niño como la diferencia de edades. La gente que presenta pedofilia declara sentirse atraída por los niños dentro de un margen de edad particular. Algunos individuos prefieren niños; otros, niñas, y otros, los dos sexos.

Las personas que se sienten atraídas por las niñas generalmente las prefieren entre los 8 y los 10 años, mientras que quienes se sienten atraídos por los niños los prefieren algo mayores. La pedofilia que afecta a las niñas como víctimas es mucho más frecuente que la que afecta a los niños.

Algunos individuos con pedofilia sólo se sienten atraídos por niños (tipo exclusivo), mientras que otros se sienten atraídos a veces por adultos (tipo no exclusivo). La gente que presenta este trastorno y que «utiliza» a niños según sus impulsos puede limitar su actividad simplemente a desnudarlos, a observarlos, a exponerse frente a ellos, a masturbarse en su presencia o acariciarlos y tocarlos suavemente. Otros, sin embargo, efectúan felaciones o *cunnilingus*, o penetran la vagina, la boca, el ano del niño con sus dedos, objetos extraños o el pene, utilizando diversos grados de fuerza para conseguir estos fines. Estas actividades se expli-

---

13- Op. Cit. Pág. 540.

can comúnmente con excusas o racionalizaciones de que pueden tener «valor educativo» para el niño, que el niño obtiene «placer sexual» o que el niño es «sexualmente provocador», temas que por lo demás son frecuentes en la pornografía pedofílica.

Los individuos pueden limitar sus actividades a sus propios hijos, a los ahijados o a los familiares, o pueden hacer víctimas a niños de otras familias. Algunas personas con este trastorno amenazan a los niños para impedir que hablen. Otros, particularmente quienes lo hacen con frecuencia, desarrollan técnicas complicadas para tener acceso a los niños, como ganarse la confianza de la madre, casarse con una mujer que tenga un niño atractivo, comerciar con otros que tengan el mismo trastorno o incluso, en casos raros, adoptar a niños de países en vías de desarrollo o raptarlos. Excepto los casos de asociación con el sadismo sexual, el individuo puede ser muy atento con las necesidades del niño con el fin de ganarse su afecto, interés o lealtad e impedir que lo cuente a los demás. El trastorno empieza por lo general en la adolescencia, aunque algunos individuos manifiestan que no llegaron a sentirse atraídos por los niños hasta la edad intermedia de la vida. La frecuencia del comportamiento pedofílico fluctúa a menudo con el estrés psicosocial. El curso es habitualmente crónico, en especial en quienes se sienten atraídos por los individuos del propio sexo. El índice de recidivas de los individuos con pedofilia que tienen preferencia por el propio sexo es aproximadamente el doble de los que prefieren al otro sexo.

CRITERIOS PARA EL DIAGNÓSTICO[14]

A. Durante un período de al menos 6 meses, fantasías sexuales recurrentes y altamente excitantes, impulsos sexuales o comportamientos que implican actividad sexual con niños prepúberes **o niños algo mayores (generalmente de 13 años o menos).**

B. Las fantasías, los impulsos sexuales o los comportamientos provocan malestar clínicamente significativo o deterioro social, laboral o de otras áreas importantes de la actividad del individuo.

C. La persona tiene al menos 16 años y es por lo menos 5 años mayor que el niño o los niños del Criterio A.

14- Op. Cit. Pág. 541.

Nota: No debe incluirse a individuos en las últimas etapas de la adolescencia que se relacionan con personas de 12 o 13 años.

Especificar si:

Con atracción sexual por los varones- Con atracción sexual por las mujeres -Con atracción sexual por ambos sexos.

Especificar si:

Se limita al incesto

Especificar si:

Tipo exclusivo (atracción sólo por los niños)

Tipo no exclusivo

VI) MARCO TEÓRICO - PSICOLÓGICO

En el diccionario de Psicoanálisis, se denomina **Perversión**[15] a la desviación con respecto al acto sexual "normal", definido como coito dirigido a obtener el orgasmo por penetración genital, con una persona del sexo opuesto. Se dice que existe perversión cuando el orgasmo se obtiene con otros objetos sexuales (homosexualidad, paidofilia, bestialidad, etc.) o por medio de otras zonas corporales (por ejemplo coito anal), cuando el orgasmo se subordina imperiosamente a ciertas condiciones extrínsecas (fetichismo, transvestismo, voyeurismo, exhibicionismo, sadomasoquisismo), estas pueden incluso proporcionar por si solas el placer sexual. De un modo más general, se designa como perversión el conjunto de comportamiento psicosexual que acompaña a tales atipias en la obtención del placer sexual.

Según los lineamientos freudianos, la perversión adulta aparece como la persistencia o reaparición de un componente parcial de la sexualidad. Ulteriormente, el reconocimiento por Freud, dentro de la sexualidad infantil, de fases de organización libidinal, y de una evolución en la elección de objeto, permitirá precisar esta definición (fijación a una fase a un tipo de elección objetal: la perversión seria una regresión a una

---

15- Laplanche, J. Pontalis, J. Diccionarios de Psicoanálisis. Ed. Paidos. 1992. Buenos. Aires. Pág. 272.

fijación anterior de la libido. (...) Incluso aunque la disposición perversa polimorfa caracterice toda sexualidad infantil, y aunque la mayoría de las perversiones se encuentren en el desarrollo psicosexual de todo individuo, y la culminación de este desarrollo (la organización genital) no sea algo obvio y dependa de un ordenamiento, no de la naturaleza, sino de la historia personal.

VI. 1) Según Green:

El pensamiento clínico

Habitualmente se distingue entre casos límites y personalidad narcisista. La falla del narcisismo aparece regularmente en los casos límites. Su sensibilidad a la herida narcisista y la importancia ya señalada de las problemáticas del duelo permiten comprobarlo. Estos pacientes parecen lastimados en su ser[16].

"Lo cierto es que Freud concluyo en la existencia de una destructividad fluctuante, no ligada por el Super yo y, por lo tanto, diferente del sentimiento de culpa. (...) Es evidente que en este caso nos enfrentamos a los resultados más temidos de la reacción terapéutica negativa –comprobada frecuentemente en los casos límites- ligada a una compulsión de repetición mortífera. (...) Como mínimo existe una erotización del sufrimiento que se puede relacionar con el masoquismo, pero yendo más allá, (...) se pude ver aquí una puesta a prueba del objeto, sometido necesariamente a ataques asesinos renovados[17]".

"...las relaciones entre agresividad y destrucción no son simples (...) En la neurosis obsesiva, la agresividad tiene como meta gozar del objeto, pero también preservarlo de la destrucción, pues si el objeto es destruido ya no hay posibilidades de continuar haciéndolo sufrir y, por lo tanto, tampoco de gozar de él. (...) El sadismo ligado a la analidad, considerando que el control anal es un control afectivo, el auto control, son todas expresiones de la crueldad del Amo, de su indiferencia por el sufrimiento

---

16- Green, A. El pensamiento clínico. Ed. Amorrortu.2010. Cap. 1, punto 2, Pág. 96.

17- Op. Cit. Pág. 99.

del otro. Es en el sadismo destructor que la analidad de ha convertido en un arsenal con potencialidades destructivas ilimitadas. Así la analidad se convierte en el soporte de una destrucción fría, desencarnada. Yo la designo desobjetalizante, el lema "tu, es decir el otro, no existes...[18]."

La diferencia entre la analidad sádica y la analizad clásica, es que en el primero la fijación parece marcada en particular por el narcisismo. El narcisismo de estos sujetos esta despedazado, la herida narcisista no está cicatrizada. Se observa una perturbación de los límites del yo y, ciertamente, no faltan pruebas para pensar que, tras las apariencias de un funcionamiento socialmente normal, el yo sufre los contragolpes de una economía narcisista caóticas, de las más precarias sin fronteras establecidas. El narcisismo anal da a estos sujetos un eje interno, verdadera prótesis invisible, que solo se mantiene por la erotización inconsciente de estos conflictos. La oposición en ellos es vital para delimitar mejor su identidad. Las ocasiones de conflicto también son posibilidades de repetir el trauma parental infligido por el juicio desvalorizado de los padres[19]

La segunda vertiente objetal de la estructura psíquica de la analidad primaria, es la contradicción. El amor se torna fácilmente en odio y el odio es el signo de un lazo que nada puede desatar. El odio sella un pacto de fidelidad eterna al objeto primario, el cual puede ser sustituido por otros, aunque estos no lo hacen olvidar jamás a pesar de las apariencias. Es altamente previsible, ver al sujeto implicarse en lazos sadomasoquistas[20].

Otra característica de estos sujetos es que dado que la imagen de si esta poco formada, o todavía no asumida por el odio a uno mismo, el sujeto no puede definirse sino a través de la imagen de él que los otros le devuelven. Llevadas la limite extremo, las defensas mas allá de la represión, incluso de la escisión, pueden adquirir un carácter masivo en ciertas circunstancias traumáticas dolorosas obligando al sujeto a una renegación de la existencia del objeto e incluso de sí mismo[21].

La analidad primaria se relaciona con el sentimiento del fin de la omnipotencia simbiótica. Es el sujeto el que no le reconoce al objeto

---

18- Op. Cit. Cap. 1 punto 3 Pág. 119

19- Op. Cit. Pág. 129.

20- Op. Cit. Pág. 131.

21- Op. Cit. Pág. 133.

el derecho de ser diferente y siente a cambio el desamparo de no ser él mismo reconocido.

Este conjunto de rasgos no evoca nada del orden de la neurosis ni de la psiconeurosis. Se identifican elementos de una caracteropatía grave, donde el eje central es la marca narcisista del carácter. De la fragilidad narcisista se pasa fácilmente a la amenaza psicótica[22]. (Estructuras no neuróticas)

Es en el nivel del funcionamiento mental, del trastorno de pensar, donde se afirman las singularidades "psicotizantes". Pensamiento extraño, paradójico, desconcertante, casi retorcido, pero pensamiento apasionante si se lo considera en detalle por su inventiva dialéctica, capaz de asombrar, pues la utilización de las posibilidades regresivas de los mecanismos lógicos funda una originalidad a menudo desconcertante.

Al encontrarse las W aumentadas y pocas respuestas de Dd, podríamos inferir que estamos en presencia de la analidad primaria. Ya que es el lazo con la oralidad, de la cual le cuesta desprenderse a la analidad, como si el modelo implícito no fuera la relación genital con el otro sexo, sino la relación narcisista que conecta los dos orificios: boca y ano. Las huellas de la relación oral (avidez afectiva, dependencia) infiltran de tal manera la analidad que habría que hablar, en rigor, de oranalidad.

Aunque el Ello este infiltrado por elementos destructivos que impiden una vida amorosa con un objeto, y aunque el Super Yo se revele regularmente implacable, lo cual conduce casi al ascetismo del lado del Yo, la sobre-investidura conflictualizada del pensamiento pasa a ser el antro de la subjetividad, su refugio, su ámbito inviolable.

22- Op. Cit. Pág. 138. Subrayado propio.

Narcisismo de vida, narcisismo de muerte

Teoría del Narcisismo.

¿Qué se entiende por narcisismo primario[23]?

a) La organización de las pulsiones parciales del yo en una investidura unitaria del yo.

b) El narcisismo primario absoluto como expresión de la tendencia a la reducción de las investiduras al nivel cero.

La primera acepción se trata del yo narcisista como Uno, nacido de las pulsiones parciales. La segunda en cambio recibirá el nombre de principio de Nirvana, que tiende al narcisismo primario absoluto.

En los dos casos, el yo encuentra en el mismo su satisfacción, genera la ilusión de autosuficiencia, se libera de las peripecias y de la dependencia de un objeto eminentemente variable porque da o rehúsa según su albedrio.

La progresión lleva hacia el yo Uno, lo que llegado el caso le permite reencontrar esa quietud por regresión, si la frustración lo constriñe porque las otras defensas resultaron ineficaces. La regresión lleva a veces mas lejos: hacia el cero de la ilusión de la no investidura; pero aquí es el cero el que deviene objeto de investidura, con lo que esta retirada regresiva se convierte en una aspiración positiva, un progreso; así lo quiere la ascesis, regreso al seno de la divinidad.

"El destino del narcisismo después de la ultima teoría de las pulsiones[24]."

Green postula la existencia de un **narcisismo negativo**, doble sombra del Eros unitario del narcisismo positivo, porque toda investidura de objeto, así como del yo, implica su doble invertido, que aspira a un retorno regresivo al punto cero. P. Castoriadis Aulagnier (1975) confirma esta opinión. Este narcisismo negativo le parece diferente del masoquismo, no obstante las puntualizaciones de muchos autores. La diferencia esta en que el masoquismo – aunque sea originario- es un estado doloroso

---

23- Green, A.: Narcisismo de vida, narcisismo de muerte. Ed. Amorrortu. 2da Edición. 2012. Primera parte. Punto 1. Pág. 33.

24- Op. Cit. Pág. 43.

que aspira al dolor y a su mantenimiento como única forma de existencia, de vida, de sensibilidad posible.

A la inversa, el narcisismo negativo se dirige a la inexistencia, la anestesia, el vacio, lo blanco (del ingles blank, que se traduce por categoria de lo neutro), sea que eso blanco invista el afecto (la indiferencia), la representación (la alucinación negativa) o el pensamiento (psicosis blanca)[25]. Esto se hace presente en la técnica, con la aparición de las respuestas que utilizan el espacio en blanco (S) y los fenómenos especiales relacionados con este localizador.

"El corpus y sus límites: superposiciones y coherencia[26]."

Con el título de la investidura libidinal del yo podemos diferenciar la acción positiva, unificadora, del narcisismo desde el autoerotismo, es decir el paso del autoerotismo, estado de la pulsión en que esta es capaz de satisfacerse localmente, sin "meta psicosexual", al estadio en que el yo es vivenciado y aprehendido como una forma total.

El yo, señala Freud, es ante todo un yo corporal; pero agrega: "No es solo una esencia – superficie, sino el mismo, la proyección de una superficie[27]"

Esta precisión nos ayuda a comprender el papel de la mirada y del espejo. Espejo sin duda de doble faz: si forma su superficie desde el sentimiento corporal y al mismo tiempo crea su imagen, solo la puede crear con los auspicios de la mirada, que lo hace testigo de la forma del semejante. Necesariamente esto introduce el concepto de identificación, cuya primera forma narcisista (Duelo y melancolía 1915). La organización narcisista del yo será descripta por Freud en pulsiones y destinos de pulsión (1915). Se supone que adviene antes de la represión, y es definida por dos destinos de pulsión: la vuelta sobre la propia persona y el trastorno hacia lo contrario, cuya combinación engendra el modelo del doble trastorno. La identificación (identificación secundaria) marcha en el sentido de una desexualizacion que consuma la transformación de la libido de objeto en libido narcisista para salvar la integridad narcisista amenazada por la angustia de castración.

"Narcisismo y las pulsiones de objeto[28]".

25- Op.Cit. Pág. 44.

26- Op. Cit. Pág. 44.

27- Op. Cit. Pág. 45.

28- Op. Cit. Pág. 47.

La sexualidad es vivenciada como competidora del narcisismo, como si la libido narcisista corriera el riesgo de empobrecerse por la huida de las investiduras de objeto, y es sin duda el caso mas frecuente, solo tiene sentido en la medida en que nutre el narcisismo del sujeto; gozar se convierte en la prueba de una integridad narcisista preservada. Así como las cosas, en paralelismo con la culpa, que nunca esta ausente pero es de menor significatividad, es la vergüenza de no gozar la que sustituye a la angustia de castración. De igual modo, el fracaso sexual hace correr el riesgo de abandono o de rechazo por el objeto. Esto signa menos la perdida de amor que la perdida de valor, y el quebranto de la necesidad de reconocimiento por el otro. Peor todavía: los sufrimientos narcisistas, más allá del fracaso, se acrecientan por la insatisfacción del deseo en la medida en que señala la dependencia del sujeto respecto del objeto en la satisfacción de las pulsiones o más precisamente, en la obtención del silencio de las necesidades, a los que solo el objeto puede satisfacer. La envidia del objeto llega a su colmo cuando se supone que este goza sin conflicto.

Esto se lo podría vincular con la relación del objeto con la identificación que hace el abusador, al abusar de la víctima. Colocándola en lugar de objeto, donde no hay un registro del otro en tanto sujeto.

El pene narcisista proyectado (de cualquier sexo que sea) es el que puede gozar sin inhibición, sin culpa y sin vergüenza. Esto lo vinculamos en la técnica de Rorschach, con los fenómenos especiales como las respuestas de Complejo Oral que se pueden dar en las láminas IV y IX.

Su valor no proviene de su capacidad de goce, sino de su aptitud para anular sus tensiones por la satisfacción de sus pulsiones; aquí todo placer se convierte en investidura narcisista del Yo.

La agresividad es objeto de esta misma des intrincación. Mucho se habla del afán de dominación narcisista; el ejemplo de los lideres, citado por Freud, proporciona una ilustración bastante buena. En realidad sin negar las satisfacciones objetales que se ligan con la posición de dominación, lo que en esa situación cuenta es tanto asegurarse un poder como ocupar el lugar del que lo ejerce a fin de impedirle que lo ejerza sobre uno mismo, es decir: librarse de su tutela. No es sola necesidad de hacer sufrir al otro la que orienta la procura del poder, ni el solo deseo de ser amado y admirado lo que, acicatea. El narcisismo, sino, sobre todo evitar el desprecio proyectado sobre el amo, por una razón capital que Freud señala en Psicología de las masas y análisis del yo. El padre de la horda primitiva, el conductor que por transferencia se convirtió en el objeto que ocupa el lugar del ideal del yo de los individuos del grupo, vive apartado, en la soledad: ellos lo necesitan, pero a el se lo cree exento de toda necesidad. Cuando hay renuncia a la satisfacción pulsional, el orgullo narcisista le ofrece una compensación de elevado precio. Y cuando, por el contrario, aquel dominio se produce a raíz de la satisfacción pulsional el placer obtenido solo es justificable a condición de que se produzca en acatamiento al ideal del yo. Esto vale por igual para las pulsiones agresivas y las eróticas.

La imposibilidad de saciar el afán de dominación produce la ira narcisista. Es claro: la realidad o el deseo del otro lo han impedido. Pero la verdadera razón de la ira es que la insatisfacción frustra, priva al sujeto de la satisfacción, pero no en la medida en que esta supone la búsqueda de un placer determinado: lo priva de ser liberado, por la satisfacción, de la necesidad. El pene narcisista es un objeto cuya posesión asegura que la satisfacción se obtendrá siempre y se experimentara sin obstáculos. El apaciguamiento se obtiene sin trabas, sin demora y sin demanda. Se trata, por lo tanto, más de un deseo de satisfacción que de una necesidad de descarga pulsional. Podríamos aplicar a esta configuración el concepto de Yo-Ideal (Nunberg, Lagache), que no deja de guardar relación con el "yo-placer purificado" de Freud. Que el Yo-Ideal es una aspiración del yo, uno de sus valores, es de todo punto evidente.

En efecto, dentro de una estructura así, puesto que la unificación se consuma en detrimento de las satisfacciones del Ello, el Yo no puede buscar en el objeto más que su proyección narcisista, esto es, una verdad perfectamente adaptada a las exigencias del sujeto; este es el primer escollo. En segundo lugar, esta "irrealidad" del objeto induce por fuerza una regresión a la sexualidad pre genital. En esto, precisamente podemos considerar ilustrada la hipótesis de la índole traumática de la sexualidad. La sexualidad irrumpe en el yo. Se la vive tanto peor cuanto que se revela en sus formas crudas: una sexualidad salvaje en que el afán de poseer el objeto – a fin de asegurarse su exclusividad- esta infiltrado por posiciones perversas (en el sentido en que se trata de la satisfacción de las pulsiones parciales), sobre todo sadomasoquistas. En este sentido se puede afirmar que la sexualidad vuelve a ser auto erótica, siendo la función del objeto satisfacer ese autoerotismo "objetal".[29]

Esto se relaciona con la sexualidad del abusador y su necesidad de descarga pulsional. El sujeto acciona sin que medie la razón, siendo una mera descarga para la búsqueda inmediata de placer. A su vez y como fue mencionado en el apartado de la contratransferencia, el sujeto intentaba ubicar al administrador en el lugar de objeto a ser pasible de accionar la descarga pulsional.

NARCISIMO según el Diccionario de Psicoanálisis.

Narcisismo Primario[30] designa un estado precoz en el que el niño catectiza toda su libido sobre si mismo.

Narcisismo Secundario: designa una vuelta sobre el Yo de la libido retirada de sus catexias objetales.

VI. 2) Según Khout

Narcisismo normal y patológico[31]

Heinz Kohut postula una línea del desarrollo narcisista con características específicas de cada fase, independiente de las vicisitudes pulsionales y del desarrollo yoico y aun primario con respecto a estos. Las fisuras producidas en esta esfera, especialmente las deficiencias tempranas de la empatía materna y paterna (especulares y de la Imago Parental Idealizada) provocan trastornos específicos en el sí mismo (self) a tal punto que, según sus afirmaciones es imposible referirse a la salud psíquica si no se toma en cuenta el funcionamiento dentro de la esfera narcisista o sea el desarrollo del sí mismo.

Kohut nos muestra que el ser humano no puede estar en contacto con sus fuentes de grandiosidad y exhibicionismo y expresarlos en forma evolucionada y moderadas de ambición, si no desarrolla valores e

---

29- Op. Cit. Pág. 49.

30- Laplanche, J. Pontalis, J. Diccionarios de Psicoanálisis. Ed. Paidos. 1992. Buenos. Aires. Pág. 230.

31- Op. Cit. Pág. 199.

ideales firmemente internalizados, incluidos los ideales de perfección. Pero todo esto sin estridencias, acorde y ligado por los propios talentos y habilidades que son experimentados por la persona como un continuo fluir vital y expresados en la creatividad. Cualidades estas, propias de un funcionamiento psíquico saludable.

También se refiere al funcionamiento sano (término este olvidado y aun negado durante muchas décadas de nuestro siglo), caracterizado por un Self, cohesivo, vigoroso y armónico, capaz de vivenciar la saludable alegría de los logros y las vicisitudes y desilusiones propias de la vida, manteniendo la integridad.

Kohut explica el desarrollo de las estructuras del sí mismo a partir de las internalizaciones transmutadoras que se producen en el vínculo permanente con el Selfobjects, en el continuo e invisible entramado vivencial interhumano cotidiano, con las satisfacciones y desilusiones propias de la vida. Si esta va evolucionando de modo esperable para el desarrollo de la autoestima y la cohesión del Self, la persona ya no estará ligada de modo tan intenso y masivo con un Selfobject sobreestimado, sino que será capaz de vincularse con los otros como otros si mismos separados, bien diferenciados del Self.

En el artículo citado, Kohut define las notas del narcisismo normal (propio de un Self cohesivo y firme)[32]:

1.   La creatividad.
2.   La capacidad de empatía.
3.   La capacidad para aceptar la propia finitud.
4.   El sentido del humor (diferente de la ironía).
5.   La sabiduría.

También describe en su obra la patología del Self o un síndrome difícil de diferenciar de las psiconeurosis y de los trastornos fronterizos. Los sujetos afectados de trastornos narcisistas de la conducta y de la personalidad se caracterizan por una vulnerabilidad específica:

1.   Autoestima frágil.
2.   Sumamente sensibles a los fracasos.
3.   Sumamente sensibles a las desilusiones.
4.   Sumamente sensibles a los desaires.

32- Op. Cit. Pág. 218.

Para kohut el Self es el núcleo de la personalidad, tiene varios elementos constituyentes que se adquieren en la interacción con las personas que conforman el medio infantil más temprano, las que son experimentadas como Selfobjects. Si las interacciones del infante con sus Selfobjects son optimas, se dará como resultante un Self nuclear firme. Según la cualidad de la interacción entre el Self y sus objetos durante la infancia el Self surgirá como una estructura firme y saludable o lesionada.

Kohut deja bien en claro que el núcleo del trastorno es un Self deficitario o deficiente. Tanto la fragmentación, debilitamiento y caos indican en cualquiera de los casos un trastorno del Self.

VI. 3) Una clasificación posible

Existen diversas clasificaciones a cerca de los medios y modos que utilizan los abusadores.

Los abusadores se pueden clasificar según[33]

Inclinaciones sexuales	Exclusividad de la atracción por niños	Edad de las víctimas	Estilo abusivo
Extrafamiliares, paidofílicos	Paidofílicos exclusivos	Paidofílicos propiamente dichos.	Fijados
Intrafamiliares, Endogámicos e incestuosos	Paidofílicos no exclusivos	Hebefílicos	Regresivos.

33- Intebi, I.: Abuso sexual infantil en las mejores familias. Ed. Granica. 1998. Cap. 4. Pág. 114

Según la inclinación sexual:

Los abusadores **extrafamiliares o paidofílicos**, sus impulsos, intereses y fantasías están centradas en prepúberes (menores de 13). No manifiestan haber tenido relaciones sexuales adultas exitosas, pierden sus trabajos con facilidad, se muestran sumisos y sometidos en el hogar y en los trabajos. No poseen metas claras y realistas, fuertes sentimientos de fracasos que no coinciden siempre con la realidad. Son solitarios, pero suelen caer bien a los demás, especialmente a los niños. El acercamiento sexual se produce a través de la seducción y ven en la víctima una idealización de sí mismo, por eso se preocupan porque los contactos sean placenteros para los niños como para ellos.

Los abusadores **intrafamiliares, endogámicos o incestuosos**, dirigen sus intereses sexuales hacia las niñas de la familia. Suelen haber tenido relaciones sexuales con parejas adultas. Se muestran más adaptados a la comunidad, resuelven adecuadamente sus problemas cotidianos. En lo que respecta a lo laboral, se desempeñan adecuadamente, y hasta pueden sobresalir en sus trabajos. Socialmente, mantienen una fachada intachable aunque dentro de su familia suelen ser tiránicos y controladores. No temen manifestar la ira y pueden tornarse abiertamente violentos.

El motivo del abuso, es la ira, y la víctima representan sustitutos de sus parejas. La conducta sexual está dirigida a satisfacer sus propias necesidades, sin tener en cuenta las de la víctima.

Según la exclusividad de la atracción:

Los abusadores **paidofílicos exclusivos**, solo lo atraen sexualmente los niños.

Los abusadores **paidofílicos no exclusivos**, se sienten atraídos por niños y por adultos. La atracción puede ser selectiva hacia varones o niñas por separado o indiscriminada, es decir que cualquier menor puede ser atraído sexualmente.

Los abusadores paidofílicos propiamente dichos, eligen niños prepúberes sin capacidad orgasmica y sin distinción en cuanto al género. La preferencia por los más chicos indica una mayor patología.

Seleccionan a los niños que aceptan amoldarse a los rituales sexuales que satisfacen su necesidad a la vez que resulten fáciles de controlar sin representar una amenaza de agresión física. La excusa es la educación sexual, y como necesitan complacer a la víctima para sentirse aceptados, suelen ser los que estimulan a los niños sin solicitar reciprocidad. Tienen importantes rasgos de inmadurez e inadecuación. El desempeño laboral está por debajo de sus potencialidades y prefieren puestos de tareas pasivas y de servidumbre. Se sienten cómodos interactuando con niños o con adultos que tengan las mismas dificultades.

El pronóstico aún con psicoterapia es malo, ya que se registran muy pocos cambios.

Según la edad de las víctimas:

Los abusadores *hebefílicos,* prefieren púberes o adolescentes capaces de experimentar orgasmos. La edad de las víctimas coincide con la edad en la que ellos tenían cuando pudieron disfrutar plenamente de su sexualidad, lo que estaría indicando el período de fijación sexual. El mecanismo de abuso es regresivo y pueden incluirse algunos padres incestuosos. El objetivo de los acercamientos sexuales es mantener una relación sexual, catalogando la situación como romance, necesitando la participación y la reciprocidad del menor.

Las víctimas son jóvenes a los que pueden influenciar y controlar fácilmente sin que representen una amenaza física, los tratan como si fueran sus parejas, aunque se aseguran que la convivencia sea imposible, evitando de esta manera la posibilidad de fracasar en la relación.

La adaptación social es mejor que el anterior, hasta pueden alcanzar éxito y notoriedad en sus ocupaciones.

Según el estilo de la conducta abusiva:

Con respecto a los abusadores *fijados*, la preferencia sexual es casi exclusiva hacia niños, instaladas desde la adolescencia. Sus acercamientos sexuales no están precipitados por situaciones especiales de la vida. Los acercamientos son compulsivos, planificados y premeditados, pero no generan sentimientos displacenteros en el abusador.

Suelen ser solteros, escasos contactos sexuales con pares, y el interés está dirigido hacia varones. Suelen identificarse con los niños y preferir su compañía a la de los adultos. Presentan rasgos de inmadurez e inadecuación de la personalidad.

Los abusadores regresivos, sus compañeros sexuales son de la misma edad. Ante situaciones de estrés, pueden involucrarse con menores, sobretodo con niñas. Este tipo de atracción comienza en la adultez, y coexiste con una actividad sexual aparentemente normal con parejas de su edad. El acercamiento inicial hacia la menor, es de manera impulsiva y no premeditada. Suelen tener problemas con el alcohol, admiten que el hecho es incorrecto y pueden manifestar sentimiento de culpa.

En los principios de los ´90, las experiencias y estadísticas demostraban que la clasificación tajante no podía sostenerse, entonces se enumeraron características más generales de los abusadores, como la facilidad para manipular la percepción las emociones y los juicios de los demás, logrando distorsionar la realidad de la manera que más le conviene. Tienden a utilizar la negación, la proyección, la racionalización, la minimización, la parcialización como mecanismos de defensa que les permiten contar fragmentos de las situaciones abusivas que no resulten comprometedoras para su autoimagen, sin llegar a sentir que mienten. Tienen un patrón repetitivo de acercamiento y una historia crónica.

Actualmente la clasificación es más realista, ya que se considera el patrón de excitación sexual.

VII) RESULTADOS

VII.1) Análisis de los indicadores en común: Área intelectual.

Numero de respuestas: 18% (menor a lo esperable)

Se observa que en la totalidad de los casos el número de respuestas es inferior a lo esperado. Esto permite deducir que se trata de personalidades rígidas, que pueden presentar algunas con ansiedades paranoides reduciendo la cantidad de respuestas para no mostrarse realmente como son. Personas poco imaginativas incapaces de proyectar sus propias ideas.

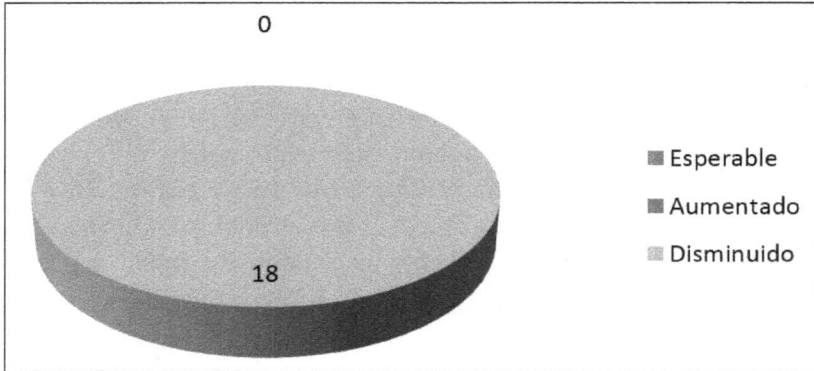

Respuestas W aumentadas:

En la mayoría de los casos, están aumentadas las globales, este es un indicador que se relaciona con la oralidad, avidez y del querer abarcar el todo quedándose en lo obvio para no mostrarse y al estar los detalles disminuidos hablaría de la dificultad para analizar adecuadamente aspectos comunes de la realidad y muestras fallas en el contacto social. También se puede inferir la presencia de cierta incapacidad para funcionar intelectualmente o emocionalmente frente a los problemas prácticos de la vida cotidiana.

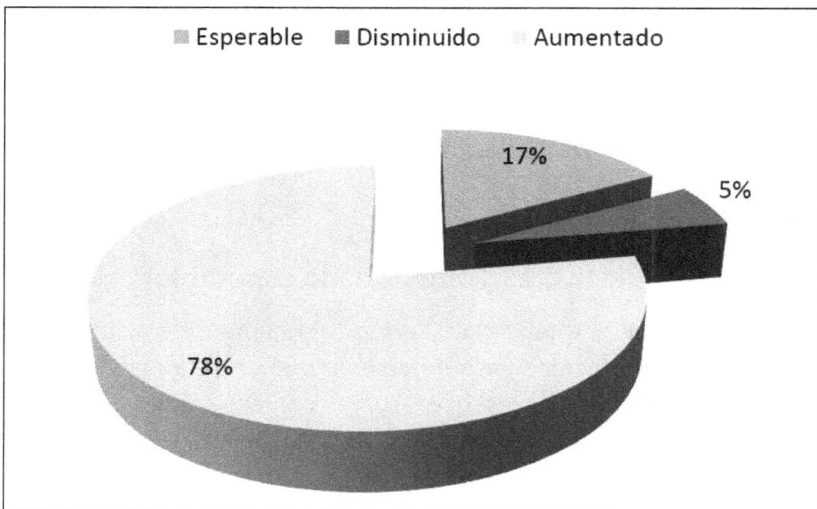

F%:

Se podría decir que en los casos que el valor de la variable, esta esperable (8 casos), frente a determinadas temáticas, el razonamiento formal puede seguir su curso sin verse interrumpido por la intrusión de afectos y ansiedades.

A su vez nos encontrarnos con 44% casos, donde estaría aumentado el F%. Esto implica un excesivo esfuerzo del yo, de control defensivo y de disociación. A partir de lo observado se puede inferir que utilizan como mecanismos defensivos la intelectualización y la represión.

Y en el 17 % restante, la variable se encuentra disminuida, nos encontramos ante un índice de dificultad para que los procesos mentales consientes resistan la energía de los factores inconscientes (emocional).

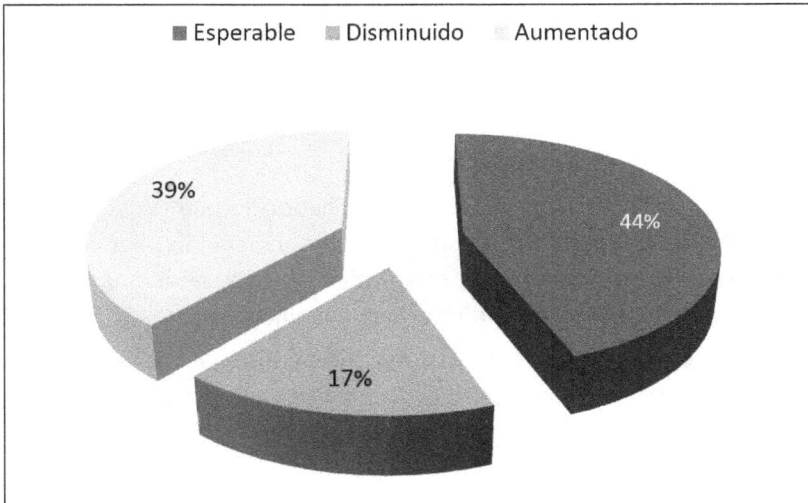

F% extendido:

Esperables 61 %:

En estos casos se podría decir que el Yo frente a ciertas circunstancias podría ser capaz de organizar y discriminar los estímulos provenientes de sí mismo y del mundo interior. Coincidiendo esto con el F%.

Solo en el 22 % de los casos, está este indicador aumentado, indicando un excesivo control, falta de espontaneidad y poca capacidad de expresar e integrar las emociones. Serian, estas, personas muy defensivas con características de sobre adaptación y un Super Yo rígido.

En relación al 17 % que esta disminuido, se observa poco control impulsividad y confusión, lo cual muestra una débil estructura yoica. Que implica un deficiente manejo de los impulsos y afectos.

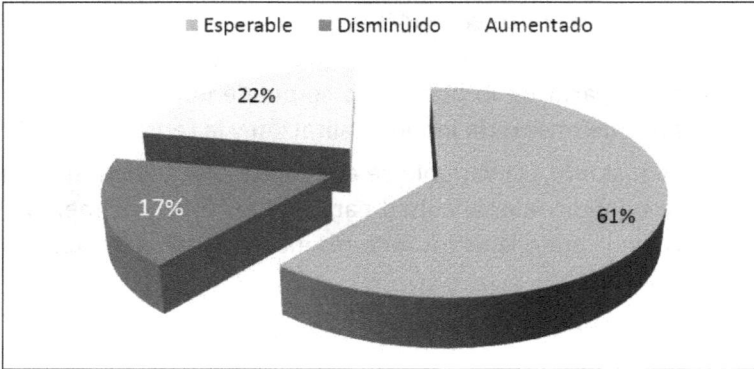

F+%:

Como está disminuido en un 73%, es indicador de que la capacidad de percepción no es buena o la misma es pobre. Lo cual implica un debilitamiento de las funciones yoicas adaptativas. Esto se relaciona con lo antedicho, respecto a la represión intensa y a la inhibición.

También se observan fallas en la capacidad de disociación afectiva y cierto déficit de las funciones yoicas de: atención, memoria, etc.

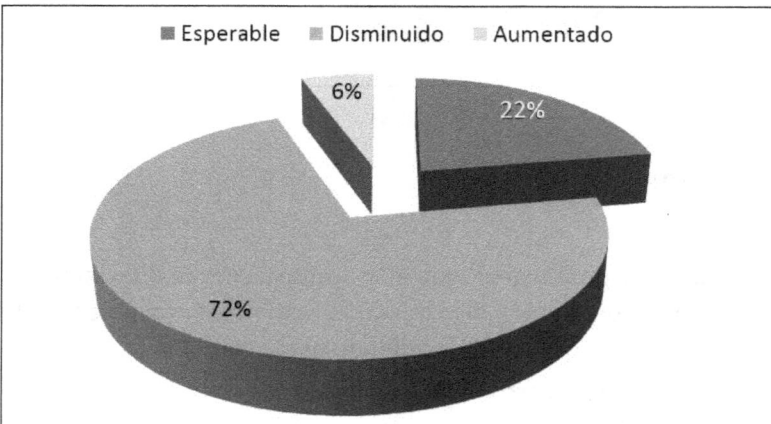

F+ Ext %:

Disminuido 89 %.

Relación entre F+% y F+ ext% disminuidos implican una falla en la función de reconocimiento y adaptación de la realidad y de sí mismo. Se trata de personas que proyectan sus sentimientos y fantasías y no logran una buena discriminación. Transforman la realidad en relación con sus necesidades. Hay en general poca fortaleza yoica que naturalmente dependerá del grado de la disminución. También podría ser índice de poca capacidad intelectual. (Se corrobora con la cantidad baja de M y la calidad de los mismos).

Por otra parte, los valores de estos porcentajes indicarían un alejamiento del funcionamiento neurótico y se acercaría a un funcionamiento más del estilo fronterizo.

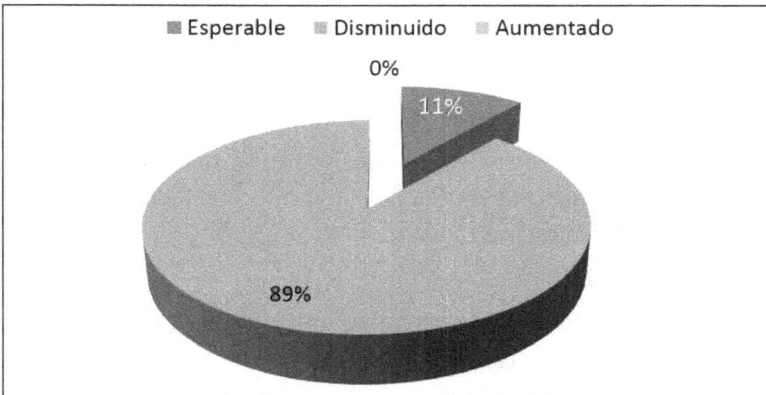

A%:

Disminuido en un 56%: Esto se puede relacionar con la intensa disociación del curso del pensamiento. También puede deberse a la proyección de aspectos disgregados. Esto también es indicador de un funcionamiento del estilo fronterizo, más que de una estructura neurótica.

Aumentado en un 11% y Esperables 33%.

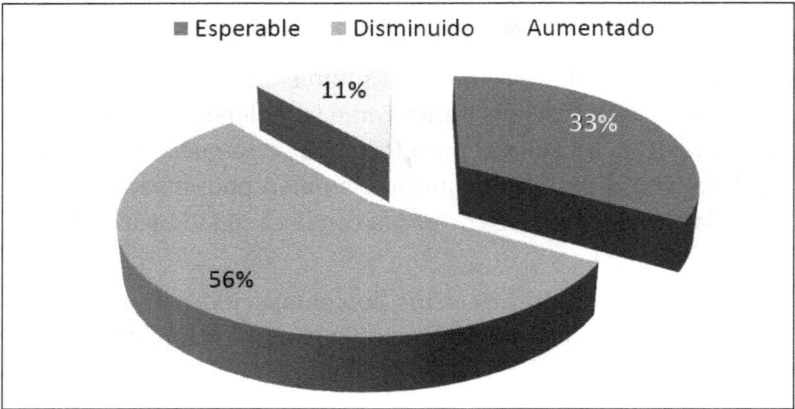

Amortiguadores %:

Aumentado en un 50%.

Esto implica que pueden realizar tares en forma sistemática y organizada debido a que estos sujetos utilizan como mecanismo de defensa la evasión, permitiéndoles así, no pensar.

Disminuido en un 28%.

Sujetos con poca energía para las tares, dificultad en su rendimiento intelectual y laboral, con escasa disponibilidad para una labor que implique un ritmo constante y organizado. Pocas áreas libres de conflicto.

Esperable en un 22%.

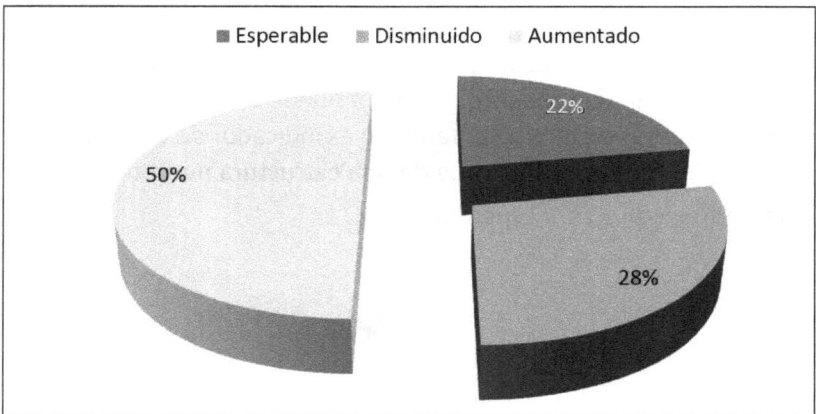

W\M

Predominancia de W en 10 de18 casos:

Esto implica que se proponen objetivos mayores a sus capacidades funcionales. Puede relacionarse esto con lo mencionado recientemente a la oralidad al intento de abarcar el todo más allá de sus posibilidades reales de alcanzarlo. Y de la relación con el Narcisismo planteado anteriormente.

P%

Disminuido 61%: esto implica que hay un alejamiento de las pautas del pensamiento colectivo y de contacto con la realidad que puede poner de manifiesto patologías.

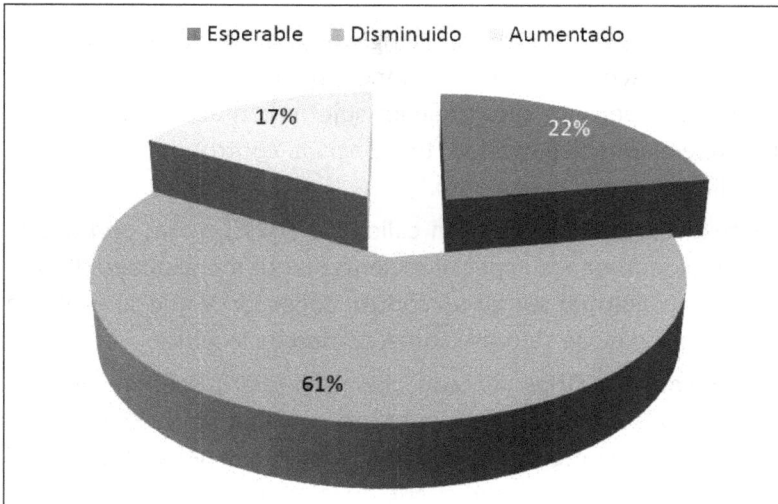

I.R:

Disminuido en un 89% de los casos, podría pensarse en cierto rechazo a la realidad o mala adaptación a ella y en pautas no compartidas con el resto de las personas.

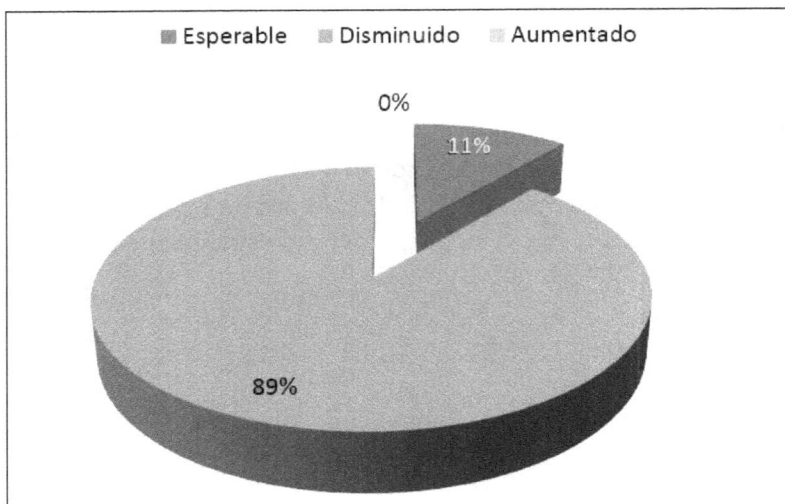

0%

En los casos donde las Respuestas Originales con calidad + (30%), solo una de ellas no es acompañada con el fenómeno especial de Fusión figura fondo. Esto nos permite inferir que los sujetos contarían con recursos simbólicos adecuados, creatividad, tendencia al control de las situaciones y flexibilidad en el pensamiento.

En las respuestas Originales con calidad +- (41%), todas son acompañadas con el fenómenos especial recientemente mencionado. Podría pensarse que no siempre logran un control adecuado y que su estilo de pensamiento no coincide siempre con el común de la gente.

Y en las Respuestas Originales con calidad - + (29%), solo una de ellas no es acompañada con el fenómeno especial Fusión figura fondo. Esto implica que el alejamiento de la realidad es mayor, con pensamientos del tipo poco común y un control deficitario de la realidad.

En líneas generales este fenómeno implica una transgresión a una ley perceptual básica, por lo que es común encontrarlo en protocolos de sujetos con personalidad psicopática, lo que se relaciona directamente con lo planteado en la hipótesis, ya que una de las características comunes en ambos casos es la transgresión a la ley, ya sea perceptual o social/simbólica.

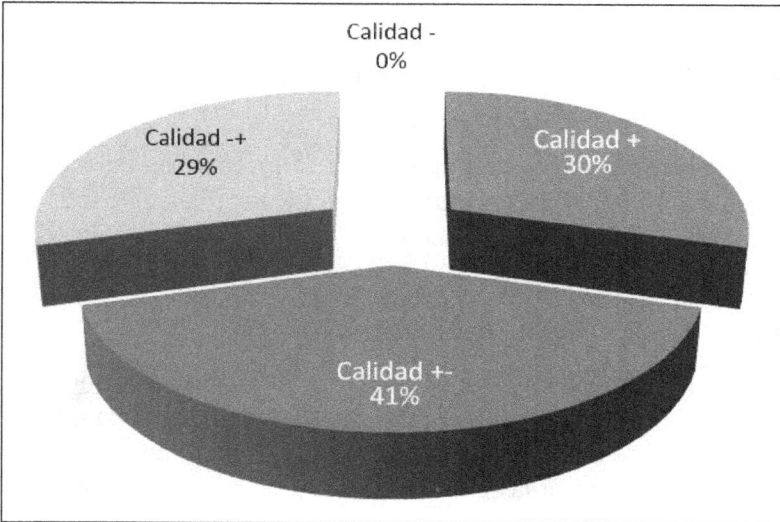

Calidad -
0%

Calidad -+
29%

Calidad +
30%

Calidad +-
41%

VII. 2) Análisis de los indicadores en común: Área Afectiva.

Primera Formula Vivencial (M\C)

Predominancia de Extratensiva 10 de18 casos.

Predominancia de los afectos sobre la capacidad de mediatizar los impulsos y afectos. Es decir son más impulsivos.

Del análisis exhaustivo de los casos se observa una predominancia de 6 de 10 casos que prevalecen CF y C, esto implica que los sentimientos son más intensos y descontrolados y las formas de expresión emocional no tan adaptadas.

Segunda Formula Vivencial (FM+m\c+C'+k+K)

Predominancia Intratensiva 13 de18 casos:

Se refiere a personas estructuradas con poca posibilidad de movilización por la rigidez de sus defensas. Debido a esto se desprende que son individuos emocionalmente inmaduros y tienden a sentir los impulsos como fuerzas hostiles e incontrolables. También podemos inferir la imposibilidad que esto le genera de un verdadero cambio psíquico o rectificación subjetiva.

Tercera Formula Vivencial (Propc. C)

Predominancia Intratensiva 11de 18

Son personas que tratan de impedir que lo invadan las emociones provocadas por el medio, es decir una tendencia a retraerse de los estímulos afectivos.

Relación entre Formulas vivenciales:

Podemos afirmar que en 7 casos sucede que la primera formula vivencial es extratensiva y la tercera es introversiva: esto implica que se puede esperar cierto descontrol en la conducta del sujeto, teniendo mayor facilidad para expresar la agresión que los afectos placenteros.

Indice Conflicto (I.C)

Aumentado en un 33%. Se observa una carga conflictiva demasiado intensa, esto puede dar cuenta de la posibilidad de un estado de crisis y con posibilidad de actuaciones peligrosas.

Disminuido en un 28%. En estos no hay una verdadera expresión mental de lucha interior y el conflicto podría estar puesto en el cuerpo o actuado. Puede que consulte pero no está realmente mentalizado. Puede encontrarse en caracteropatas, psicosomáticos, perversos y psicóticos

Esperable en un 39%. Evidencian un grado óptimo de conflicto, y real necesidad de solucionarlo.

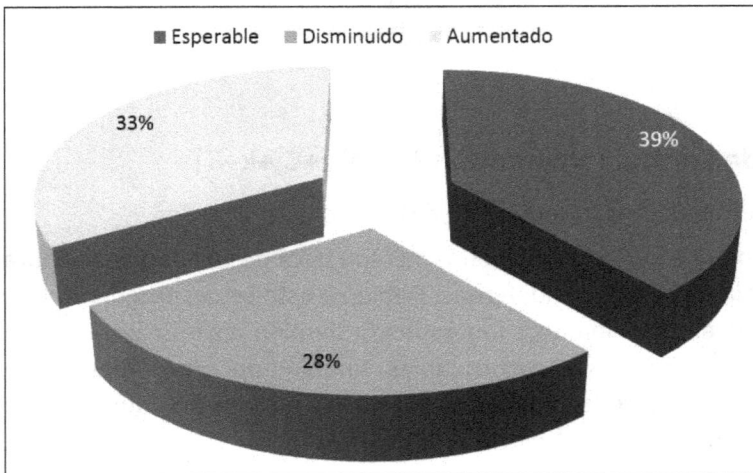

Contenido Vitales

Disminuidos 15 de 18 casos, es decir que es un indicador de problemas de adaptación social (se relaciona con el I.R, %P, D disminuidos).

Contenido Siniestros

Esperables 16 de 18 casos: Indica la posibilidad de reconocer en uno mismo sus propios miedos.

Contenidos Perturbadores:

Esperables 11 de 18 casos: Se observa que son capaces de reconocer lo displacentero.

Índice de Integración (H+A\ Hd+Ad)

Esperables 17 de 18 casos: es decir que son capaces de discriminar las partes del todo, logrando una distancia frente a determinados temas.

Histograma:

Predominancia 10 de 18 casos del mundo interno, sobre el externo, es decir que hay una representación de los impulsos, y de la fantasía.

VII. 3) Análisis de los Contenidos en común: Área Dinámica.

Lamina I:

MASCARA 4 de 18 casos: este contenido se relaciona con el ocultamiento, encubrimiento, un intento de simular los verdaderos sentimientos y el no querer mostrarse. Puede relacionarse también con aspectos persecutorios, proyectados y disociados.

Lamina II:

Esta lámina investiga los sentimientos relacionados con la agresión y la impulsividad. Según sea el tipo de respuesta que el sujeto mencione, se podrá inferir posteriormente el manejo de las pulsiones.

En los casos que se vienen estudiando se observa que la temática LUCHA ENTRE ANIMALES y SANGRE se da en 5 de los 18 casos. Específicamente se mencionan los siguientes animales:

"Gallo peleando desplumado cuando pelea, porque cuando lo preparan para la lucha le sacan las plumas de la cola": se desprende de la agresividad manifiesta donde además el gallo se caracteriza por ser territorial y el en el caso de los de lucha están preparados para matar. Esto puede relacionarse con la dificultad para manejar la agresividad, y continuando con la asociación, se infiere que en una situación de pelea, la misma termina cuando el otro queda sin vida. (FM a-/mF+-, CF+-,mF+-, CF+-. Animal, Mancha de Sangre). (Mor, Acción Padecida, Respuesta, Complejo anal, Respuesta De Defecto) Aquí se puede ver una respuesta de conflicto, en donde predominan los impulsos afectivos sobre la racionalidad. Además se puede inferir la presencia de elementos sadomasoquistas con quien se identifica la persona, porque generalmente son acciones violentas sufridas pasivamente, lo cual puede indicar rasgos psicopáticos. También están presentes temáticas relacionadas con la castración "cola desplumada" y nuevamente se ve reflejado el sadismo puesto en el objeto a destruir o posible de ser destruido (gallo).

"...Dos oso (...) la pelea que están teniendo entre ellos, la sangre que derraman...". "...Parecen ser dos osos que están luchando por comida y ahí hay sangre en el medio..." (Respuesta de Complejo oral, acción padecida), (FM -+ /CF+-,CF+-,mF+-) (FMa↑+, F+-//m)

En estas dos respuestas de diferentes sujetos, se infiere que el oso como figura de mucha potencia simbólica, no solo por representar lo patriarcal o la figura paterna fuerte, sino también por su alimentación (carnívoro) y por su tamaño imponente que infunde temor. Se infiere también la presencia de los impulsos más primarios y arcaicos, porque son vividos como fuerzas fuera de control del individuo y amenazantes desde afuera. Estos impulsos y en relación con la respuesta se infiere que en una situación de lucha los mismos se van a activar sin ser mediatizados a nivel racional.

"…Rinoceronte (…) La mancha roja de abajo no la puedo entender, quizás se están peleando y puede ser sangre. Presiento que se están peleando y es una mancha de sangre que salto de la pelea Los rinocerontes se caracterizan por su gran tamaño, es un animal solitario y territorial. (FM+a/CF+-,mF+-). Nuevamente aquí se puede ver el mal manejo de la agresividad, donde predomina lo pulsional por sobre lo racional. La identificación del sujeto con el rinoceronte, también es de índole agresiva y territorial.

"…Esqueleto de un bicho, de un pajarraco cuando está muerto…" (F-) (Mor, Animal desvitalizado) Aquí se observa una dificultad para controlar el miedo que le resulta persecutorio, generando que las defensas del Yo fallen, predominando el miedo por sobre la racionalización., como mecanismo de defensa. Y generando además que las funciones yoicas pierdan eficacia.

Respuestas de Conflicto en 7 de 18 casos:

Esto nos permite inferir que ciertos sujetos logran manifestar (consciente o inconscientemente) cierto grado de conflicto intrapsiquico.

"…Parecen ser dos osos que están luchando por comida y ahí hay sangre en el medio…". (FMa↑+, F+-//m. Respuesta de par, Sangre, Acción Padecida, Respuesta de Complejo Oral). En esta respuesta se podría observar que el sujeto frente a la temática de la lámina, intenta controlar sus impulsos, pero no lo logra del todo, ya que los mismos terminan interfiriendo. Es decir que frente a la violencia no siempre puede manejarla de manera adecuada y tiende a descontrolarse.

"…Acá se me complica para mí no le encuentro una forma en sí, todo tiene que ver con mi pasado, con agresión. Pueden ser dos gallos peleando, lo rojo de arriba parecen manchas de sangre en el piso y lo rojo de abajo sangre que salpica el piso. El gallo de la izquierda es más débil que el otro, que es más fuerte…" (FMa-/mF+-,CF+-,mF+-,CF+-. Respuesta de Complejo anal, Autorreferencia, Fabulación, Lógica autista, Agravamiento, Respuesta de par, Shock a la lámina, Descripción, Mor, Respuesta de defecto, Acción Padecida). En este caso, se observa que en ciertos momentos sus impulsos tienden a irrumpir en la escena, pero se observa cierto control del Yo, aunque podría pensarse que no es suficiente.

"…Se demora mucho tiempo. Queda mirando la lamina y dice que no ve nada y que no quiere decir algo que no es. "Isla" no isla no, ya le encontré la vuelta, sería como animales que están apoyados con las trompas…" (FMa↑+/ CF+-,mF+-. Shock al rojo, Critica del sujeto, Respuesta negada, Lien, Fabulación, Mancha).El sujeto, intenta en un primer momento poner cierta distancia frente a la lamina, pero luego termina interfiriendo el conflicto por sobre sus defensas. Si bien el Yo intenta ejercer un control, no resulta suficiente.

"…Dos cachorros y jugando, lo rojo seria sangre…" (FMa↑+//C. Respuesta de par, Evidencia, Sangre). En este caso las emociones tienden a emerger de manera intempestiva, sin que medie la racionalización, siendo una descarga.

"…Una nave despegando…" (Fm+-//m. Explosión/ fuego, Respuesta O, Respuesta de Complejo anal, Color negro). El sujeto frente a la tensión que le genera la lamina, no logra procesarla de manera adecuada y tiende a generar impulsos con poco control.

"…Dos osos. ¿Dónde? Esto del costado serian 2 osos, acá la cabeza, patas y manos. ¿Idea? Como si fueran que están corriendo, hay una mancha de sangre. ¿Dónde? Esta parte de debajo de la figura seria la sangre del cuerpo de los osos. Y las otras manchas de sangre serian por la pelean que están teniendo entre ellos, la sangre que derraman. ¿Idea de oso? Por la forma de la figura. ¿Mancha de sangre? Si serian la sangre que van dejando por la pelea…." (FM-+/CF+-,CF+-,mF+-. Respuesta de par, Sobrelaboracion, Peleando, Mancha de Sangre). Se observa que el Yo por ciertos momentos no logra controlar los impulsos de manera adecuada.

Lamina III:

En esta lámina se observan las relaciones interpersonales y las modalidades vinculares con el mundo externo.

Respuestas de conflicto 3 de 18 casos:

"…Dos animalitos, el cuerpo de mono y el pico parece de un pájaro. Están como sentados sobre algo no se, será una piedra. (FM-+\KF+-,C'F+-) (C. Atenuada, C. Confabulatoria). Aquí se puede observar que comienza a fallar el mecanismo de sublimación de los instintos primarios, invadiendo la angustia de tal modo que comienza a fallar la lógica del pensamiento. Respecto a las relaciones interpersonales, se podría pensar que no pudo visualizar figuras humanas, lo que estaría implicando cierta dificultad pera relacionarse con los otros, o reconocer al otro como sujeto.

"...Como una parejita. Como que la persona esta doblada, agachándose, sangre..." (Ddr,M+,F+\\C). (E.S.S.F, Shock alRojo). A partir de la respuesta se observa que algo de la lamina le dispara una imagen que no puede relacionarse con la respuesta, provocando en el una descarga. Quedando en evidencia que no todo lo dicho fue lo que vio, ya que no pudo ponerle palabras a determinadas zonas de la lámina ni explicaciones que den cuenta de la misma.

"...Esqueleto de un cangrejo (...) cuerpo esto de arriba las tripas y la sangre del bicho..." (F-+,F+\\m). A. Padecida, Mor, S. Kinestesico, Negación Color. Aquí observamos que frente a un otro, comienza a perder eficacia el yo, quedando en manifiesto la tensión ante lo desconocido y amenazante del mundo externo por proyección de los impulsos que amenazan la autoimagen o a sus sistema de valores. Falla en las relaciones interpersonales en las que no puede ver a otro sino a un objeto muerto y desvitalizado, quedando de esta manera Implica un reforzamiento caracterológico de las defensas ante la angustia, puede ser un bloqueo con cierto rigidez defensiva para no mostrarse.

M- 1 un caso de 18:

"...Dos personas acá, pero tienen pico. Tiene mucho doble sentido estas láminas, son muy chocantes, representan cosas feas, no se los colores no me gustan. No se como dije "Dos personas, podrían ser mujeres acomodando un banquito" (M-,F+.) (C. Atenuada, Rechazo lamina, R. Cambiada). En esta lámina se puede interpretar que falla la mediatización (M-), aquí se puede inferir que el sujeto no pudo manifestar aquello que realmente vio en un primer momento, actuando de manera severa la represión, dado que quizá le resulto perturbador. La lógica del pensamiento también se ve alterada ya que el otro en tanto sujeto le resulta amenazante. Aquí en cuanto a las relaciones se podría inferir que esta seria una conducta real de la persona.

F- 2 de 18 casos.

"...Dos simios con una pelota. Dos simios como con una pelota por la postura inclinada estarían como jugando..." (D,FM+,F-.) (S. Kinestesico). Al encontrarse F-, en esta lamina, se puede observar que el yo, frente a las relaciones con el otro, no logra ejercer sus funciones, generando una déficit en el mecanismo de racionalización. Identificándose con un animal. Se observa un reforzamiento caracterológico de las defensas ante la angustia, puede ser un bloqueo con cierto rigidez defensiva para no mostrarse.

Dos cirujanos operando un corazón con éxito (M+,F-.). C. Confabulatoria. En este caso, frente a las relaciones interpersonales, se observa que el yo pierde eficacia, como en el caso mencionado recientemente, produciéndose un déficit en el mecanismo de racionalización fallan la lógica del pensamiento.

Es notable, que en la lamina II y en la III, los sujetos escondieron su verdadera relación vincular. Esto surge porque en ciertos momentos de las respuestas mencionaron que vieron cosas y que luego no pudieron explicarlas o directamente las negaban.

Lamina IV:

Esta lamina indaga las representaciones que el sujeto tiene de la figura paterna y su relación con la autoridad. También se podría visualizar los sentimientos de ansiedad, angustia, temor, amenaza y persecución

Animales Sacrificados 5 de 18 casos.

Los contenido que se pueden observar (cuero estaqueado, costillar, esqueletos de animales), nos permiten inferir la representación que tienen a cerca de la autoridad y la figura paterna. En estos caso la desvitalización que aparece en todos, nos permite pensar que es la manera que encuentran justamente para quitarle el peso de la autoridad, siendo ellos mismo la ley. Ya que su elevado narcisismo no les permite ver al otro como sujeto merecedor de autoridad. A. Padecida, desvitalización, respuesta de complejo anal, siniestro.

Explosión y Respuestas de Conflicto 2 de 18 casos.

Los contenidos están relacionados con que el sujeto parece sentirse victimas de sus impulsos implicando tácitamente no soy yo quien ha hecho esto, los impulsos están fuera de mi control. A su vez puede tratarse de sujetos que fluctúan entre sentirse totalmente incapaces de controlar hasta sentirse omnipotentemente controladores. Respecto a las respuestas dadas ambas son explosiones naturales (volcán) y también en ambas se evidencia el conflicto (mF+-\C'negro) (Fm+-,\\,m,C'). Surge la tensión al ver la lámina, la que luego se desencadena en angustia que irrumpe tempestivamente en el Yo. Y en el otro caso sucede que en primera instancia el sujeto intenta racionalizar aquello que lo tensiona fallando el mecanismo ya que dicha tensión lo invade y provoca angustia. Todo esto se puede relacionar con la dificultad que pueden tener para internalizar a la autoridad de manera simbólica.

Lamina V: esperable

Esta lámina permite investigar la actitud del sujeto ante la realidad y la adaptación a ella. No se observaron indicadores significativos en la muestra.

Lamina VI:

Animales Sacrificados 8 de 18 casos

Se puede ver la necesidad de los sujetos de dañar al otro, es decir que ese otro es proyectado en los despojos que quedan de esos animales. A su vez nos permite inferir que al encontrarnos con fenómenos especiales como Mor, C. Atenuada, A. Padecida, Respuesta de complejo oral y de defecto, C. Siniestro, hay una necesidad de mención y esclarecimiento donde se pone de manifiesto cierto goce en el discurso, mas especialmente en el relato de lo acontecido. Parecería que los sujetos tienen la necesidad de revivir ciertas escenas con el entrevistador para poder angustiarlo y colocarlo en el lugar de victima pasiva.

Los animales sacrificados serian, piel de conejo sin cabeza, lechón cocinándose y clavado en una estaca, cabeza de zorro.

Panza cosida 1 de 18 casos

Se puede observar, como el sujeto goza con el discurso donde relata la operación que había sido ejercida sobre quien fuera su mujer, con detalles innecesarios y desagradables. Nuevamente pone al entrevistador en un lugar de desventaja para así intentar controlar toda la situación. (Ddr, KF+-, Hd.)

Respuestas de Conflicto 3 de18 casos

"...Un palito a orillas del rio que se le junta espuma alrededor, por que el agua cae y cuando cae choca entre las piedras y se produce espuma. Parece como que está flotando en el agua y está lleno de espuma...

"(Fm+,Fci+\\m,C',K) F.F.F, Fabulación, L. Autista, Mor. Se podría pensar que frente a la sexualidad el sujeto en primera instancia lograría manejar de alguna manera la tensión que le genera esta temática, muestra las defensas pero no los vínculos, este control se pierde cuando aparece la tensión con cierto impacto emocional sobre las operaciones cognitivas que lo desorganizan y no puede separarse de esto.

"Costillar al asador". (F+-,F+\\m). Aquí nuevamente se puede observar que frente a la lamina el sujeto se tensiona, lo cual provoca cierta falla en el mecanismo de racionalización, surgiendo de esta manera tensión pura como descarga.

"...Helado derritiéndose ¿Donde? Todo, acá el palo y el helado arriba que se va derritiendo y cae. ¿Idea? Por la forma parece que se va derritiéndose y va cayendo...". (F+\mF+-) el sujeto aquí intenta utilizar mecanismo de defensa la racionalización, pero luego surge la presencia de cierta tensión manifiesta.

Fracaso 3 de18 casos.

En estos casos se infiere que el sujeto nada puede decir de su sexualidad, o lo que la lamina le genera rechazo y un bloqueo del tipo emocional. En uno de ellos el sujeto refiere que es "difícil la lamina y que no la puede relacionar mucho". Por lo tanto se infiere que el sujete algo vio pero lo perturbo de tal manera que no pudo manifestarlo.

En el segundo caso el sujeto manifiesta "...no se la verdad que ni idea. Tiene forma a bicho volador, pero no...". Luego niega el haberlo visto. (C. Sujeto y S. Gris). Aquí el sujeto ni siquiera pudo identificar una zona especifica de la lamina para ubicarlo ni detalles del "bicho", lo que nos permite inferir que nada quiere decir de la temática que indaga la lamina o puede que este ocultando lo que realmente vio, ya que luego aparece la negación.

El tercer caso manifiesta "... tronco, no una pared, no lo entiendo, gira la lamina, no puedo captarlo bien...". (Señala la línea media). Cuando se lo interroga, manifiesta "no se me parece, va, no lo entiendo, no me gusta". En este caso el sujeto se bloquea en esta lamina, dando resultados de fracasos desde la lamina VI hasta la X incluida. Se puede inferir que la zona media de la lamina, se relaciona con lo fálica. También da en sus respuestas (S. Gris, lógica autista, C. Siniestro y C. Sujeto)

Lamina VII:

Fracaso 1de 18 casos.

Esta lamina indaga las relaciones que el sujeto puede establecer con los demás. También en relación a lo femenino y en relación mas personal con cada uno de nosotros.

En este caso en particular, el sujeto comienza a fracasar en la lamina VI (ya explicado anteriormente), se le adiciona el agravamiento, que puede estar relacionado con el sentir que la técnica dejo traslucir más de lo deseado y puede ligarse al ocultamiento, enmascaramiento, disimulo y/o actitudes psicopáticas.

Combinación Confabulatoria 3 de 18 casos.

"...Como de lejos veo a dos personas que vienen caminando. ¿Dónde? Acá esto chiquito. Como si estuvieran dos personas entre un campo y a lo lejos se los ve y el viento va trayendo arena, la va levantando. ¿Ahora o antes? Ahora veo la arena. La gente está conversando y sin darse cuenta ellos ven viniendo un remolino que esparce arena. Personas? Por la forma, cuando lo veo parece como que se alejan y viene la tormenta de arena. El remolino se va cerrando en movimiento circular y va avanzando. Antes o ahora? Ahora. ¿Las personas se puede ver su sexo? No se cual será". (Ddi W, Ma+,m, H,arena). En este caso el sujeto, en primera instancia pareciera jugar un rol activo en el discurso (Ma+ autor de su propia actividad y deseo) para luego pasar a un rol pasivo (m, incapaz de desear o generar sus propios movimientos o acciones, rol pasivo). En este caso y en relación a la temática de la lamina, podemos inferir como el sujeto queda posicionado ante lo femenino, desde un lugar pasivo y "envuelto-arrasado por ese remolino, y en el que no puede manejar sus impulsos, influyendo lo afectivo de manera tal, que produce una falla en la lógica del pensamiento (C.C).

"...Una punta de una montañita con dos personas hablando y unas nubes. ¿Dónde? Acá las personas (esto chiquito) abajo las montañas y lo otro las nubes. ¿Personas? La forma parecieran de pie al lado una de la otra charlando. ¿Montaña? La sima justo se entre corta con la nube, la forma como triangular en la que se ve. ¿Nubes? La forma, parecen como si fueran algodones si uno las toca, por su volumen." (DdiW,M+,F+-//k). En este caso muestra la capacidad de sublimar, con una predominancia en el manejo de sus impulsos a través de la racionalización, que luego no puedo sostener, desencadenándose un monto de angustia tal que lo invade y provoca sentimientos de inferioridad, de los cuales se defienden de estos con las defensas mencionadas anteriormente y provocando una interferencia en la lógica del pensamiento. (C.C).

"Como si fuera una fuente, con dos aves paradas sobre ella mirando para cada lado. ¿Dónde? El pájaro arriba, abajo como una estatuilla de fuente y la base. ¿Idea de pájaro? Las plumas, alas y cuerpo. La forma del copete que tiene y la forma en la que esta parado. Idea de pluma? Por la forma que tiene, la ves? Acá...Fuente? Por la forma y por que hay como dos caras mirando para cada lado. Que son parte de la fuente, como estatuillas. Las caras las viste ahora o antes? Desde el principio son parte de la fuente. Idea? Por que parecen caras del teatro de perfil" (W, FM-+, Ma+-,F+-{o-(A,Hd)}. Se observa aquí, que no logra el manejo adecuado de los impulsos instintivos mas arcaicos, esto implicaría que su Yo no cuenta con la suficiente energía psíquica para poder llevar adelante el proceso de sublimación y adaptación. Esto lo moviliza de manera tal que comienza a fallar en la lógica del pensamiento. (C.C).

Contaminación Atenuada 2 de18 casos.

"...Dos piernas, pero no combinan con ningún bicho (se le aclara que puede ver otra cosa que no sean bichos pero insiste en querer ver bichos). ¿Dónde? Acá veo los muslos y piernas. Después completa la figura con los bracitos y la mano. ¿Idea de muslos? La forma. ¿Piernas? Forma. ¿Idea de mano? La posición de la forma de la mano que esta como para atrás...". (D, M-+, piernas de un animal) C. Atenuada. En esta respuesta se observa que el piensa una cosa y siente otra, donde se observa un pensamiento confuso, ya que parecería que logra mediatizar el impulso, pero no lo logra (M-+) y a esto se le suma la respuesta encubierta frente a la temática de la lamina. Se podría pensar que en un primer momento ve una cosa que no pude decir y termina contaminando la respuesta.

"...Mariposa. ¿Dónde? Esto de acá la mariposa, esto sería la columna vertebral de la mariposa, estas las antenitas y las alas. ¿Idea? Por la forma que está hecha la sombra, está salpicada en forma de dos alas y por lo del medio por que están abiertas las alas. ¿Abiertas? ¿Antes o ahora? Desde el principio, por eso dije mariposa..." (D,FM-+, Mariposa). (C. Atenuada). Nuevamente podemos inferir que el sujeto intenta simular ver una cosa diferente a su percepción, generando un discurso confuso y fallando su lógica del pensamiento.

Lamina VIII:

Esta lámina permite indagar a cerca de la capacidad de adaptación social y afectiva, y de la expresión general de los instintos.

Animales Agresivos 6 de 18 casos

Los contenidos que utilizan los sujetos en estas láminas son animales agresivos, algunos salvajes y otros domésticos pero destacando una raza agresiva y que suelen ser entrenados para el ataque. (Pumas, perros Rottwailer, Bulldog, león, osos y lobos). El sujeto se identifica con ellos para alcanzar sus objetivos, más allá de que lo logren o no. También podría pensarse que para el logro de los mismos no le va a interesar tener cierto consenso de las normas sociales ya que dichos animales tienden a arrasar con lo que encuentran en su camino sin importar lo que tiene por delante.

Respuestas de Conflicto 3 de 18 casos.

"...Un mapa..." (Fm+-\CF+-) Aquí hay una presencia de cierta tensión que se encuentra latente que luego irrumpe de forma violenta y que escapa al control del pensamiento

"....Un hamster que está pasando de una parte del jardín hacia otra, esta paseando inseguro, tiene miedo, por que donde esta entrando no conoce...". (DW,FM+\CF+). Siniestro, L. autista

Animal paseando Aquí se ve como mecanismo la sublimación pero que luego predomina sobre ella los impulsos sobre el pensamiento

".... Un paisaje de una montaña como un cerro..." (FC+//C). Shock kinestesico FM , L. autista. En primera instancia pareciera haber un control de los impulsos pero luego estos fallan predominando las emociones intensas que lo invaden.

Lamina IX:

Fracaso 5 de 18 casos.

Al aparecer estos fracasos, se puede inferir que sus defensas sean rigidizado tal manera que la represión predomina como mecanismo defensivo, no pudiendo mostrar sus vínculos más arcaicos y en relación a lo maternal.

Manchas 3 de 18 casos.

Generalmente se asocian con sentimientos de culpa por conductas reales o fantaseadas. En este caso dado que la respuesta esta dada en la lamina de color se podría relacionar con los afectos mas arcaicos y como fueron vividos o fantaseados. Ya que al no poder dar un respuesta definida, se podría pensar en la ausencia de límites, relacionado con el vinculo mas primario con la "madre ", siendo esto vivido como una represión del deseo de ser aceptado por el "Otro". Al decir mancha se infiere una respuesta encubierta, ya que nada quiere decir de ese vinculo.

Respuestas de conflicto 1 de 18 casos.

"....Agua y esto del costado una isla..." (F+-//m.) L. Autista, FFF. El significado de esta lámina lo moviliza de manera tal que en un principio intenta racionalizar el afecto pero luego termina predominando la tensión pura, invadiéndolo. La presencia del agua como contenido, podría estar relacionado con la vida intrauterina, como correlato arcaico.

Lamina X:

Mascaras y disfraz de Carnaval 5 de 18 casos.

Estos contenidos están en relación directa con el ocultamiento, encubrimiento o intento de simular los verdaderos sentimientos. También a no querer mostrarse en los aspectos más persecutorios, disociados y proyectados. Si a esto le agregamos el objetivo de la lámina, en relación a la visión de futuro podría pensarse en un "como si" o en querer cumplir las expectativas del entrevistador mostrándole aquello que quiere ver. También se debe considerar, el contexto de encierro, donde influyen los objetivos que se esperan del interno para un posible avance de fase en el tratamiento penitenciario y así obtener beneficios.

Fracasos 2 de 18 casos.

Dado a que no hay respuesta alguna, se podría inferir que el sujeto no se ha podido recuperar ante la perturbación afectiva provocada por la aparición de los colores de la lámina. Siendo esto un indicador negativo para la posible reinserción social, ya que al no saber como el sujeto se proyecta frente al mundo que lo rodea actual o futuro, contamos con el factor sorpresa. Donde pueden darse dos posibilidades, una es que su accionar pueda ser dentro de os parámetros normales, o la otra posibilidad es que su accionar se vincule con lo patológico "agresividad desmedida".

VII. 4) Análisis de la Escala E.S.P.A.

Esta escala nos permite individualizar en condiciones generales el riesgo existentes de conductas suicidas. El mismo surge de analizar determinados ítems, en el caso por caso.

Respecto de la muestra se hallaron los siguientes resultados:

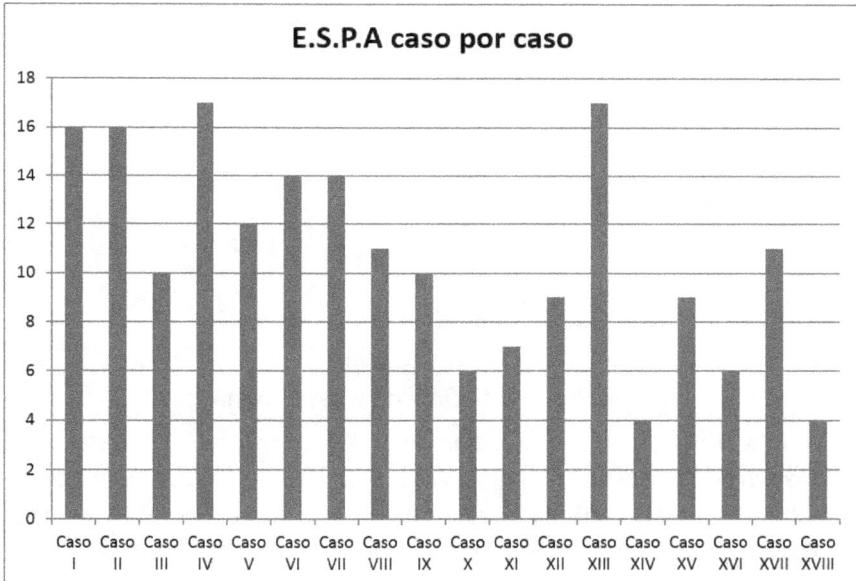

En cuatro casos dan valor de 16 o más, lo que sería un 20% de la muestra. Estos datos serian posibles indicadores de riesgo suicida, que nosotras consideramos bajos, ya que estas en un porcentaje de 33% por debajo del valor de corte u objetivo (16).

Es necesario aclarar que estos cuatro casos no implican un riesgo inminente, ya que podría suceder ante determinadas condiciones subjetivas y objetivas, dentro del contexto en que la persona está inmersa.

En el siguiente grafico se muestran los ítems que tuvieron en común los diferentes sujetos al que se les administro la técnica.

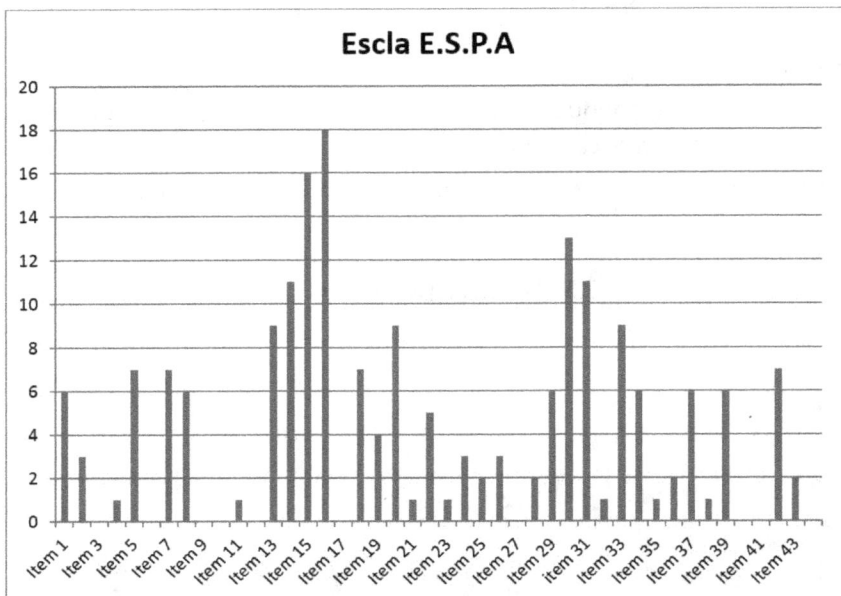

Escla E.S.P.A

Los ítems que son recurrentes a partir de 6 casos o más son:

1) Dd mayores a 10, 5) combinación de m, K o c con C o C′, 7) Abstractos, 8)Manchas, 13) A% disminuido, 14)Populares disminuidas, 15)Índice de realidad disminuido, 16) algunos de los F+% disminuidos, 18)Acción Padecida, 20)Contaminación atenuada, 29)Evidencia, 30) Fabulación o sobre elaboración, 31)Fusión figura fondo, 33)Lógica autista, 34)Mor, 37) Respuesta de defecto, 39) Respuesta o, 42) Shock kinestésico.

Cabe aclarar que se podría en un futuro realizar una investigación donde se interpreten los ítems que fueron recurrentes en los casos administrados de la escala E.S.P.A.

VIII) CONCLUSIÓN

A partir del análisis de los casos de abuso sexual y teniendo en cuenta los signos Rorschach, pudimos concluir que se trata de un perfil con estructura limite de personalidad con funcionamiento perverso. Estos últimos surgen del análisis dinámico de las láminas y de los diversos indicadores que nos ofrece la técnica. Desde el aspecto dinámico, nos remitimos a contenidos en común dentro de la población mencionada:

Datos relevantes:

Lamina II contenidos animales peleando FE: Mor, Sangre, A. Padecida, Respuesta de complejo anal, Lógica autista, FFF, y contaminación atenuada.

Lamina IV: animales sacrificados, explosión y respuestas de conflicto, lo que refleja una clara problemática con la autoridad. FE: Acción Padecida, C. Siniestro, L. Autista y C. Atenuada.

Lamina VI Animales sacrificados y respuestas de conflicto. FE: Mor, lógica autista, respuesta de defecto, respuesta de complejo oral y respuesta o.

Lamina VIII animales agresivos y respuestas de conflictos. FE Lógica autista y contenido siniestro.

Lamina IX Fracasos que se relacionan con la imposibilidad de simbolizar el vínculo con las emociones más primarias.

Lamina X máscaras, (ocultamiento) C. Atenuada, lógica autista y FFF.

Datos Relevantes:

Respecto al diagnóstico diferencial hemos concluido que el mismo en la población que estuvimos evaluando, se trata de una Estructura Limite de personalidad donde los indicadores Rorschach que predominan son:

- ➤ Numero de respuestas disminuidas
- ➤ W aumentadas
- ➤ M disminuidas y con calidad menos (-)

➤ D disminuidos

➤ W aumentadas respecto a M y un predominio del mundo de la fantasía. Se propone objetivos mayores a sus posibilidades.

➤ F% esperable y F+% disminuido: No es capaz de cumplir la función del F% de manera efectiva (no tiene la capacidad para disociarse de manera operativa).

➤ F% extendido al ser esperable se podría pensar que puede discriminar el mundo interno del externo, por lo que podríamos descartar una psicosis.

➤ F+% extendido todos disminuidos falla en la función de reconocimiento en la adaptación a la realidad, transforma la realidad en relación con sus necesidades, por lo tanto hay una predominancia de C sobre F, lo cual conlleva a actuaciones de descarga. Poca capacidad intelectual y de funciones yoicas.

➤ A% disminuido hay una intensa disociación en el curso del pensamiento, que se relación con la invasión de los afectos.

➤ Amortiguadores esperables logran realizar una tarea en forma sistemática, siempre y cuando haya una lógica de premios y castigos (Sobre adaptación) donde actúan acorde a sus intereses.

➤ P% disminuidas no logran pensar como la mayoría de las personas.

➤ IR disminuidos, mala adaptación a la realidad.

➤ 1 formula vivencial extratensiva. Predominio de lo emocional sobre la capacidad de mediatizar los impulsos.

➤ 2° y 3° formulas, ambas intratensivas. Emocionalmente inmaduros y tienden a sentir los impulsos como fuerzas hostiles, intentando que no lo invadan las emociones pero al fallar la disociación esto no es posible (se relaciona con el F+%).

➤ Contenidos Vitales Disminuidos. Indicador de problemas de adaptación.

➤ Contenidos Siniestros y Perturbadores Esperables Reconocimiento de los propios miedos y reconocimiento de lo displacentero.

➤ **Índice de Integración Esperable.** Capacidad de discriminar con las partes del todo, esto se relaciona con el F% extendido y F+ extendido %.

En relación a la hipótesis planteada al inicio de la investigación, podemos afirmar que lo que predomina no es la estructura perversa sino el funcionamiento de esta sobre una personalidad límite.

Ya finalizado nuestro trabajo, queríamos dedicar unas líneas para plantear cuestionamientos que nos surgieron durante la elaboración del mismo.

Al decir de Lacan: "...*Toda sociedad, en fin, manifiesta la relación entre el crimen y la ley a través de castigos, cuya realización sea cuales fueren sus modos, exigen un asentimiento subjetivo, para lograr la significación misma del castigo...*"[34]. No podemos dejar de considerar que la muestra fue realizada en sujetos que la justicia a considerado culpables y están cumpliendo un castigo por ello. Pero, ¿es este castigo suficiente para el asentimiento o rectificación subjetiva? Desde la información que nos arroja la Técnica no se observan muchas posibilidades a nivel pronóstico, pero al considerar el caso por caso, vislumbramos o es la expresión de nuestro propio deseo, contribuir que alguna pregunta, aunque sea mínima, se genere en ellos, como para poder pensar que algo del castigo pueda ser aunque sea planteado. No es una tarea fácil pero tampoco queremos pensar que es imposible, ya que sabemos que no se van a ver grandes avances, ni cambios abruptos, pero por lo menos dejarles algún interrogante y no certezas.

Si Freud decía que la cultura traía consigo un malestar por los sacrificios que la misma exige de ciertas pulsiones, en nuestra micro cultura dentro del trabajo también implica sacrificios, no solo desde nuestras pulsiones sino además al renunciamiento de un paciente ideal y aprehender a trabajar no solo con el paciente real sino con lo real de este, que por cierto no es tarea fácil.

34- Lacan, J. Introducción teórica a las funciones del Psicoanálisis en criminología. Versión digitalizada.

3) CUADROS COMPARATIVOS DE DOBLE ENTRADA

TABLA Nº 1: Localizaciones

	I	II	III	IV	V	VI	VII	VIII	IX	X	XI	XII	XIII	XIV	XV	XVI	XVII	XVIII
W	5	7	2	10	4	3	6	4	7	7	4	7	9	2	3	8	8	7
SW																2		
WS		1		1				2					1				1	
SW																		
D	2	2	4		4	6	6	4	2	2	1			2	8			3
Ds							1							1				
Dd	2		4		1		2		1	1	2	1		2	3		1	
SDd	2																	
DdS							1		1	1		2						
S						1												
Sc	4	1	1	1	1		2	2	1	1		2		1			1	

64

TABLA Nº 2 : Determinantes

	I	II	III	IV	V	VI	VII	VIII	IX	X	XI	XII	XIII	XIV	XV	XVI	XVII	XVIII
M	2	1	1	1	3	4	2	3	1	1	2	1		2			1	4
FM	2	3	3	5	2	2	4	4	2	4	2	3		2	1	4		2
m	3	4				1	1			1	1	1	2	1	1	1	3	
k				1	1	1												
K	1	1	1	1	1													
FK	1			2														
F+	1	3	3		2	3	5	4	3	2	4	5	3	1	7	6	2	3
F-					1			1				1	1		1	2	1	1
F.+				2	3	4	2	2	3	2	2	1	3	1	3	3	4	5
F+.	2	2		1	1		1	3		1	1		1	2	1			
Fc	2	1										1			1			
c							1	1	2	2			2					
c'	2	3		1	2	1	1	1		2	1	1	1	1	1	2	1	1
FC	2	1			1		1	1	1	4	1						1	1
CF	1	5			3					4	1	1		1	1			
C							1											

TABLA Nº 3 Contenidos

	I	II	III	IV	V	VI	VII	VIII	IX	X	XI	XII	XIII	XIV	XV	XVI	XVII	XVIII
H	1		2		4	2	2	5		1	2	2	1		1		1	5,5
Hd	0,5	2	5			1	0,75			1	3	4	6	3	1			3
A	2	7			2	2,5	4	3,25	4	5,5	3	4	1	3	4,5	9		
Ad	2	1	1	1	1	1,5	2	2		1	0,5		1	3	2			
At		1				0,5								1			2	
Sex																		
Sg			1							1	1	2	1	1				
Com		1	1		1	0,5				1	1	1	1	1	0,5	2	1	
Fg					1	1								1				
Explosion																	1	
Mascara	1	1	1	1	1	1	3,5		1	1,5	2	1	1	1		1	1	1,5
Objeto	1,5	1	1	1	3	2	3		1	1,5	1,5	1	1	2	1,75	1	4	4
Arte	0,5							1	1	1			1	1	1		1	1
Piedra		1																
Vegetal		1	1	2	2		2		2			1				7	1	2
Mancha		1	1	1				2	2		1			2				
Naturaleza	3,5	5,5	4	1	5		1		1	2		1		1		1	1	
Geografia	0,5	0,5	1				1		1	2		1	1		1	1	1	
Orna.					1	1	1	1	1	2	1	1			1			1
Humo					1													
Vestimenta		2				1,5			2	2	2		1					
Roca							1		1				1					
Acuario								1							1			
Ludico														1				
Foto														1				

TABLA Nº 4: Porcentajes Esperables

	Caso I	Caso II	Caso III	Caso IV	Caso V	Caso VI	Caso VII	Caso VIII	Caso IX	Caso X	Caso XI	Caso XII	Caso XIII	Caso XIV	Caso XV	Caso XVI	Caso XVII	Caso XVIII
N°R	Disminuido	Disminuido	Disminuido	Disminuido	Disminuido	Disminuido	Disminuido	Disminuido	Disminuido	Disminuido	Disminuido	Disminuido	Disminuido	Disminuido	Disminuido	Disminuido	Disminuido	Disminuido
W	Aumentada	Aumentada	Disminuido	Disminuido	Aumentado	Aumentado	Aumentado	Aumentado	Aumentado	Aumentado	Esperable	Aumentado	Aumentado	Aumentado	Esperable	Aumentado	Aumentado	Aumentado
D	Disminuido	Disminuido	Esperable	Disminuido	Nada	Disminuido	Disminuido	Esperable	Disminuido	Disminuido	Ausente	Ausente	Ausente	Disminuido	Disminuido	Ausente	Disminuido	Disminuido
Dd	nada	Aumentada	nada	Aumentado	Aumentado	Nada	Aumentado	Esperable	Nada	Aumentado	Aumentado	Nada	Nada	Aumentado	Aumentado	Nada	Nada	Nada
SC	8% nada	1% nada	1%	9% Nada	1% Nada	1%	13% Nada	Nada	20%	36%	14%	27%	10% Nada	Nada	Nada	10% Nada	Nada	Nada
W/M	11 3	4 4	3 2	2 1	9 1	8 1	6 3	7 2	6 1	7 2	2 2	8 0	100	4 1	3 0	9 1	8 0	7 4
F%	Esperable	Esperable	Esperable	Disminuido	Disminuido	Disminuido	Aumentado	Esperable	Esperable	Esperable	Esperable	Esperable	Aumentado	Aumentado	Aumentado	Aumentado	Aumentado	Aumentado
F% ext	Disminuido	Esperable	Esperable	Aumentado	Esperable	Disminuido	Aumentado	Esperable	Esperable	Disminuido	Esperable	Disminuido	Disminuido	Esperable	Disminuido	Esperable	Aumentado	Aumentado
F+%	Disminuido	Disminuido	Esperable	Disminuido	Disminuido	Aumentado	Disminuido	Esperable	Disminuido	Disminuido	Disminuido	Esperable	Disminuido	Disminuido	Esperable	Disminuido	Disminuido	Disminuido
F+ext%	Disminuido	Disminuido	Disminuido	Disminuido	Disminuido	Disminuido	Esperable	Disminuido	Disminuido	Disminuido	Disminuido	Disminuido	Disminuido	Disminuido	Disminuido	Disminuido	Disminuido	Esperable
1° formula	extra y dilat	intratensiva	ambi y coart	Intra y coart	Extratensiva	Extratensiva	Intratensiva	Intra y coart	Amb y coart	Extra y coart	Intra y coart	Extra y coart	Extra y coart	Extra y coart	Extra y coart	Extra y coart	Extra y coart	Intratensiva
2° formula	extratensiva	intratensiva	intratensiva	Amb y dilata	Intra y dilat	Intra y dilat.	Intratensiva	Intratensiva	amb y coart	Intra y coart	Intratensiva	Intratensiva	Amb y coart	Intra y coart	Amb y coart	Intratensiva	Intratensiva	Intra y coart
3°formula	intratensiva	intratensiva	intratensiva	Intratensiva	Intratensiva	Intratensiva	Intratensiva	Ambigual	Intratensiva	Intratensiva	Intratensiva	Intratensiva	Ambigual	Intratensiva	Intratensiva	Intratensiva	Intra y coart	Ambigual
H+A...	Esperable	Esperable	Esperable	Esperable	Esperable	Esperable	Esperable	Esperable	Esperable	Esperable	Esperable	Esperable	iguales	Intratensiva	Esperable	Esperable	Esperable	Esperable
A%	Disminuido	Disminuido	Disminuido	Disminuido	Esperable	Disminuido	Disminuido	Disminuido	Esperable	Disminuido	Esperable	Aumentado	Disminuido	Esperable	Esperable	Disminuido	Esperable	Disminuido
Vit%	Disminuido	Disminuido	Disminuido	Aumentado	Disminuido	Disminuido	Disminuido	Disminuido	Disminuido	Disminuido	Esperable	Esperable	Esperable	Esperable	Esperable	Disminuido	Disminuido	Disminuido
Per%	Esperable	Aumentada	Esperable	Esperable	Aumentado	Disminuido	Aumentado	Aumentado	Esperable	Esperable	Aumentado	Aumentado	Aumentado	Esperable	Esperable	Aumentado	Aumentado	Aumentado
Amot%	Aumentada	Esperable	Aumentada	Disminuido	Aumentado	Aumentado	Disminuido	Esperable	Disminuido	Esperable	Disminuido	Disminuido	Aumentado	Esperable	Disminuido	Aumentado	Aumentado	Esperable
Siniestro %	Esperable	Esperable	Esperable	Esperable	Esperable	Aumentado	Aumentado	Esperable	Esperable	Esperable	Esperable	Esperable	Esperable	Esperable	Esperable	Esperable	Esperable	Esperable
P%	Disminuido	Disminuido	Esperable	Esperable	Esperable	Disminuido	Disminuido	Aumentado	Esperable	Esperable	Disminuido	Esperable	Esperable	Aumentado	Esperable	Disminuido	Disminuido	Disminuido
O%	Esperable	Esperable	Disminuido	Disminuido	Esperable	Nada	Esperable	Disminuido	Esperable	Disminuido	Aumentado	Esperable	Esperable	Nada	Nada	Disminuido	Disminuido	Disminuido
I.R	Disminuido	Disminuido	Disminuido	Disminuido	Disminuido	Esperable	Disminuido	Esperable	Disminuido	Disminuido	Nada	Esperable	Disminuido	Disminuido	Disminuido	Disminuido	Disminuido	Aumentado
D.M	Aumentada	Aumentada	Aumentada	Disminuido	Aumentado	Aumentado	Aumentado	Aumentado	Esperable	Aumentado	Disminuido	Aumentado	Aumentado	Aumentado	Disminuido	Aumentado	Aumentado	Aumentado
I.C	Esperable	Esperable	Aumentada	Esperable	Esperable	Aumentado	Disminuido	Esperable	Disminuido	Aumentado	Aumentado	Aumentado	Aumentado	Aumentado	Esperable	Esperable	Disminuido	Disminuido
Mundo	Extemo	Interno	Interno	Interno	Extemo	Extemo												

TABLA Nº 5 Fenómenos Especiales

	Lamina I	Lamina II	Lamina III	Lamina IV	Lamina V	Lamina VI	Lamina VII	Lamina VIII	Lamina IX	Lamina X
Caso I	Shock C.Sujeto Autorref. Sobrelab. Disociacion	C.Sujeto C.Atenuada F.F.F L.Autista	L.Autista Lien S.Vacio Fabulacion R.Par Desvitaliz. Gesticul. M.Oculto	Mor R.Defecto R.O	E.Q.A A.Padecida	Autorref. Mor R.Defecto R.O	Fabulacion R.Par Diminutivo C.Siniestro. C.Confab.	F.F.F Redundancia FM S.Kinest.	F.F.F L.Autista	Sobrelab. F.F.F
Caso II	Descripcion Autorref. Siniestro Involucracion Desrealizacion C.Atenuada	Descripcion Autorref. R.C.Anal Fabulacion L.Autista Agravamiento R.Dos Shock Mor R.Defecto A.Padecida	Autorref. C.Atenuada R.Dos Alorref. Evidencia Dimnutivo	Descrip. Autorref. Siniestro R.Defecto A.Padecida Alorref. Diminutivo Sobrela.	Diminutivo FMsecunda rio dividido	F.F.F Fabulacion L.Autista Mor Diminutivo C.Objeto M.L.Media	Disociación Mor R.Defecto	Autorref. C.Siniestro Fabulación L.Autista Sobrelab.	Autorref.	Autorref. Involuc. R.Dos Alorref.
Caso III	Involucracion Diminutivo Autorref. F.Secun Sobrelab.	Diminutivo S.Rojo C.Atenuada		Diminutivo A.Padecida	Diminutivo Autorref. Sobrelab. R.C.Oral M.Klein	Autorref. Sobrelab. A.Padecida S.Gris Alorref. M.L.Media Descripcion Contradicc.	Shock R.Par Gesticul.	Diminutivo Autorref. R.Par		Diminutivo C.Atenuada R.Par
Caso IV	A.C.C. Mancha Negra R.Dos Diminutivo C.Sujeto R.O	R.Dos L.Autista F.F.F Autorref Involucracion	R.Dos Diminutivo Autorref C.Atenuada S.Color Rechazo lamina	C.Sujeto Involuctacion Alorreferencia Valoracion C.Autor		R.O L.Atista Autorref Involucracion C.Examinador	R.Dos Diminutivo C.Conf E.Q.E	Sobrelaboracion S.Kin	Raro S.Color	Gesticulacion Mascara Autorrefe

TABLA Nº 5 Fenómenos Especiales

L. Autista			R. Cambiada Alorref. Valoración	C.Siniestro R. C. Anal Agravamiento Neg. Rta Desvitalización A.Padecida						
Caso V	R. Dos M. Secund.	R. Dos Autorref. M. Animal Sec. M. Antropo. C. Sujeto	R. Dos Lien L. Autista Sobrelaboracion	R. C. Oral Diminutivo Shock	C. Sujeto Fracaso	Autorref. R. C. Oral Fg lamina Negra Ilusión de semejanza	R. Dos Sobrelaboracion Involucración C. Confb Desvitalización	R. Dos L. Autista Sobrelaboracion	Autorreferencia C.Sujeto Fracaso	Autorreferencia L.Autista Sobrelaboracion Diminutivo C.Confab. S.Color F.F.F
Caso VI	R.Dos Descripc.	R.Dos F.F.F. Sobrelab. R.Cambiada. Rta.O		C.Siniestro S.Gris Autorref. R.C.Anal Humo L.Autista	Rta.O Sustitucion C.Atenuada C.Sujeto R.Cambiada Diminutivo	C.Atenuada A.Padecida R.Defecto Alorref. Shock R.C.Oral	Sobrelab. C.Atenuada Diminutivo FM Sec.	L.Autista S.Kinest.	Fracaso	R.Dos C.Atenuada Sobrelab. Diminutivo
Caso VII	Autorref. Diminutivo Gesticulac. R.Complejo:cuernos Evidencia Perseveracion	R.Par Fabulacion S.Rojo C.Sujeto De espalda Involucracion Autorref.	Diminutivo Fabulacion Autorref. Tend.conta R.Defecto	Autorref. Diminutivo Sobrelab. C.Siniestro	R.Par Fabulacion Lien E.E.S.S.M	C.Sujeto	Diminutivo R.Par Simetria	Autorref. Sobrelab. C.Siniestro Lien C.Confb. S.Color Persev.	R.Par Persev. R.C.Oral	Diminutivo R.Par S.Rojo R.C.Oral Disoc.FM Fabulac. F.F.F.
Caso VIII	Involuc.	S.Rojo Lien Mov.Antro. Involuc.	Lien C.Atenuada R.Par Sobrelab.	Sobrelab. Mor E.Q.A Veg. En		Mancha S.Gris	Mancha S.Gris Evidencia	L.Autista Fabulacion Diminutivo	Fracaso	Sobrelab. Mancha F.F.F S.Color

TABLA Nº 5 Fenómenos Especiales

			S.Kinest	lamina negra. L.Autista						
Caso IX	R.C.Oral R.Par De Costado Peleando	R.Par Peleando Mancha Sg Sobrelab..	R.Par Lien Fabulacion	Sobrelab. Lien	Autorref.	Abierto M.L.Media L.Autista Pegado Puma	R.Par S.Gris Cargado	R.Par Simetria Diminutivo Reflejo	Manchas	R.Par Sobrelab. L.Autista F.F.F Agujero S.Color Mascara
Caso X		R.Par R.C.Oral Fabulacion A.Padecida Neg.Color	R.Par Lien	C.Sujeto		R.O	R.Par Sobrelab.	R.Par	Mancha S.Color	S.Color
Caso XI	Garras	S.Rojo Mancha Fabulacion Lien R.Negada C.Sujeto	S.Rojo E.S.S.F Diminutivo Fabulacion	S.Acromat. M.L.Media C.Atenuad		S.Gris L.Autista C.Siniestro C.Sujeto	Fracaso Agravam.	Fracaso	Fracaso	Fracaso
Caso XII	Garras Sustitución Evidencia	Evidencia R.Par	S.Kinest. C.Atenuada C.Sujeto F.F.F. R.C.Oral-sadico	Evidencia Sock	R.C.Oral-sadico R.Negada N.Siniestro	C.Sujeto Derramado R.Cambiada	R.Par Disociacion Autorref. Diminutivo	F.F.F		S.Color
Caso XIII	F.F.F.	Shock Mor Aumentativo Autorref. A.Padecida	Mor A.Padecida S.Kinest. N.Color Sobrelab.	Evidencia	L.Autista	Mor Pers.Piel C.Sujeto R.Defecto Aumento distancia	Mor A.Padecida Sobrelab. R.Defecto	Mor Autorref. Evidencia L.Autista	Autorref. S.Color	Autorref. S.Color
Caso XIV	Diminutivo	Ilus.Semej.		Diminutivo R.C.Anal	R.C.Oral-sadico C.Siniestro	C.Sujeto S.Gris	Diminutivo C.Atenuada	Diminutivo R.Par Shock	S.Color	

TABLA Nº 5 Fenómenos Especiales

Caso XV	R.Par	Shock C.Sujeto R.C.Falico	R.Par S.Kinest.	Mor Evidencia Autorref. R.C.Oral		Autorref.	R.Uno	R.Uno R.Defecto C.Siniestro Rara		Diminutivo Autorref.
Caso XVI	Lien Diminutivo R.Par C.Atenuada	R.Par Autorref. Alorref.	Lien Diminutivo R.Par S.Kinest.	Diminutivo R.Par Gesticulac.	Autorref. R.C.Oral	Autorref. R.C.Oral	Autorref.	Autorref. Gesticulac. Derrumbe	Podrido Mor R.C.Anal	
Caso XVII	F.F.F:	Exp./fg Rta.O R.C.Anal Neg.Color	C.Conf. Sobrelab. R.Par			Rta.O Involuc. A.Amnesica Autorref. R.C.Oral	Sobrelab. Mor Gastado R.Defecto		Soldada	
Caso XVIII	R.Par Lien	R.Par Lien	R.Par	Mascara	Mov.Sec. Gesticulac.	Alorref. Rta.O	R.Par Gesticulac.	Rta.O M.L.Media R.reflejo		Mascara

TABLA Nº 6.: Clasificación

	I	II	III	IV	V	VI	VII	VIII	IX	X
Caso I	W,KF+-,mF+- Nube	WS,Fci-+ Nube-Hd	Ddr,Ma,F+- ,FC+. Dos personas arriba cristal sosteniendo algo. Un mono	W, KF+-. Cuero seco de animal	W\,FMa+, Animal (F+-, Vegetal)	W\,F+ Cuero seco para alfombra	DdiW,Ma+,m H, arena	DS,Fm+-\CF+- Mapa	DdrS,F+- \\m Agua, islas	Ddrs FC+,FC+. Mascara
Caso II	W,FC'+ Mariposa negra	DW,FM- \mF+- ,CF+- ,mF+- ,CF+- A,Mch- sg,Mch- sg	D,Ma+,F+ Dos negro tocando tambor	W,F+,Fci(c+) Peluche, demonio Tasmania	W,F+ (FM). Murciélago	WS,Fm+,Fci+\\m,C ',K Naturaleza	W,C'F+-,cFf+-. Zona geográfica	DW,FM+\CF+-. Animal paseando	W, FCf+, CF+,CF+-. Veg, comida	D,FM+- Dos animales peleando x territorio
Caso III	W,FM+ Murciélago	DdrS,F-+. Mariposa	DFM-+\(KF+- ,C'F+- A,piedra	1)Ddr,Fcc-+. Oso hormiguero 2)WFK+ Cuero estaquedo vaca	DdrFM+ pájaro	Ddr, KF+- Panza cocida	D,Mp+ Dos cabezas con manos para atrás	D,FM+ Dos animales (león)quiere pelear)	Ddr,F-+. Esqueleto humano	D,FK-+,FM-+. Dos caballos de mar
Caso IV	1)W,C'F+- Mancha negra 2)DW,M+,F+-. Dos personas o angelitos y nube	WS,F+-. Dos islas	D,M-,F+. Dos personas banquito. (ver rta)	1)W,mF+- \C'negro. Un volcán explotando 2) W,F- Murciélago aplastado	W,F+. Mariposa	W,Fcc+ Piel de un animal abierta secándose	DdiW,M+,F+- \\K. H,nat,nat	W,CF+-,mF+- ,CF+-. Flor de colores abriendose (shock kines)	W,CF- Flor de colores.	W,FC+-. Mascara carnaval.

TABLA Nº 6.: Clasificación

Caso V	D, Ma+ Dos personas.	D,Ma+ animal bailando	D,M+,F+. Dos ho agarrando vasija.	W, KF+. Costillar de cuero de animal	Fracaso	1)W,F+,F+\\m. Costillar al asador. 2) D,F +-. Alfombra	W,FM-+,M+,F+. Fuente con dos aves mirando	DW, FM-+,F+. Dos osos trepando la montana	Fracaso	DdrS,FC+,F+-. Una flor y a los cotados arbustos.
Caso VI	D,M+. Dos personas saludando	S, F+. Manta raya	1)D,M+,F+. Dos personas haciendo tarea. 2)D, F+. Mono.	W,Fm+.\\m,C. Un volcán en erupción largando humo.	W,FM+.Insecto	Wi,F+,F+. Lechon cocinándose clavado en una estaca.	D,FM-+. Mariposa.	D,FC+\\C. Un paisaje de montana	Fracaso.	D,FM+,F+,F+. Dos hormigas levantando algo.
Caso VII	W,F+-. Mascara.	D,Mp+. Dos personas en cuclillas	1)D,FM+.Un sapo. 2)D,F+.Mono. 3)D,M+.Hombre gordito levantando los brazos.	1)W,FC'+.La piel de un animal. 2)W,F+. Mascara.	1)Ddr,F+,F+. Dos personas apoyadas sobre un muro. 2)Ddr,FM+. Mariposa.	Fracaso	W,M+.Dos abuelitas.	1)W,F-+.Un gorro. 2) W\,F-. Mascara para asustar a los chicos.	1)DdrS, F+-. Mascara. 2)D,FM+.Cabeza de león con la boca abierta.	1)D,FM-,FC+-. Dos hormigas levantando un palito. 2)DS,F-+,F+-. Mujer con arma.
Caso VIII	SW,F+. Mascara.	D,M+. Dos perritos besándose.	1) D, F+. Mono. 2) D,FM-+,F+-. Dos pajaros.	W, F+. Un árbol viejo.	W,F+. Murciélago.	W,C'F+. Mancha.	W,C'F+. Mancha.	D, FMa+, F+-. Dos lobos escalando.	Fracaso.	WS, CF+. Arte.
Caso IX	DW,FM-+,F+-.Dos murciélagos	DW,FM-+\CF+-,CF+-,mF+-,mF+-. Osos (mancha sg y	1)D,M-+.Dos bailarinas. 2)D,CF+-.Ornamentación.	W,FM+. Un bicho extraterrestre.	W,FC'+ Una mariposa.	Ddr, Fcc+. Un cuero abierto de un animal.	W,C'F+. Una nube.	W,FM+,F+. Dos bichos y na montana.	W,CF+. Arte(mancha)	DdrS, F+,F+ ,FC'bl+ ,FC+,FC-,FC-. Una fiesta.(disfraz,piel de animal).

TABLA Nº 6.: Clasificación

Caso X	W,F+. Mascara.	Ddr,FM+ \\m.Dos osos luchando por comida y sangre.	1)D,FM+,F+ -.Dos personas sujetando un objeto. 2)D,F+. Mono.	Fracaso.	W,F+. Mariposa.	W,F+. Piel de animal.	W,M-+. Dos nenas jugando.	DW,FM+,F+- .Dos pumas escalando.	W,CF+-. Manchas de colores.	W,FC+-. Mascara de carnaval.
Caso XI	W,F+. Murcielago (garras).	Ddr,FM+ \CF+-,mF+-. Animal, sangre.	1)D,F+.Mon o. 2)Ddr,M+,F +\\C. Pareja y sangre.	W,FC'-+. Búfalo.	1)W,F+,F+. Persona disfrazada con capa. 2)W,F+. Mariposa.	F+, objeto (tronco)	Fracaso.	Fracaso.	Fracaso.	Fracaso.
Caso XII	1)W,F+. Animal cangrejo. 2)WS,F+. Mascara	DW,FM+ \\C. Dos cachorros jugando. Sangre.	DdrS,F- +.Rana.	W,FM-+. Langosta volando.	W,FM+. Vampiro.	1)W,F-. Murciélago 2) W,F+\mF+-. Helado derritiéndose.	Ddi,F+,F+. Dos personas y un mástil.	DdrS, Fci+. Perro buldog.	Fracaso.	W,CF+-. Manchas.
Caso XIII	WS, C'F+ \C'bl. Mancha de tinta.	W,F- +,F+\\m. Esqueleto cangrejo, sangre, tripas.	W,F- +,F+\\m. Esqueleto de un bicho.	W,F+. Piel de un animal.	W, F+. Cuero de un murciélago.	W,F+. Piel conejo sin cabeza.	W,F+. Alfombra comida por polillas.	W,F-+. Esqueleto de un perro rottwailer.	W,CF+-. mF+-. Mancha de colores.	W,CF+-. Arte.
Caso XIV	W,F+. Murciélago.	D,M+,F+-. Dos personas jugando.	Fracaso.	Ddr,F-+.La cara de un Uron.	W,FM+ Vampiro volando.	Fracaso.	D,M-+. Piernas de un animal.	DS,FM+,F+-. Bicho y roca.	Ddr,mF+- ,CF+-. Fuego.	Fracaso.
Caso XV	1)D,F+. Dos personas con	1)D,F+.Mon o.	1)D,F+. Insecto.	Ddr,F+-. Esqueleto	W,F+. Mariposa.	1)D,Fc+. Cuero de vaca para	D,F+. Continente sud	D,F+. Animal sin cola y	Ddr,C. Foto satelital.	W, CF+-. Cuadro.

TABLA Nº 6.: Clasificación

	las manos arriba. 2) W,F+. Murciélago.	2)Ddd, F+. Punta de pinza.	2)D,FM+,F-. Dos simios con una pelota.	de pollo.		alfombra. 2)D,F+. Cabeza de zorro.	americano.	cabeza rara.		
Caso XVI	Wi, FM-+. Dos elefantes agarrándose de las manos.	D,F+ Dos osos Frente a frente.	W, FM+,F+. Dos monitos agarrando una canasta.	W, FM+. Osos grandes.	W, FM-, F-. Dos conejitos.	D,F+. Una milanesa.	W, F+. Mapa de América invertido.	W, Fm+-. Cerro y quebrada.	W, FC+-,F+. Algas marinas que se pudrieron.	W, FC+-. Acuario. D,F+ Langostino. D,F- Cangrejitos. D,F+ caballito de mar. D,F+ anguila. D,F+ algas.
Caso XVII	WS,F+. Continente.	W, Fm+- \\m. Nave despegando. Explosión.	Ddr, M+,F-. Dos cirujanos operando un corazón con éxito.	W, F+. Árbol.	W, mF-. Una germinación.	W,F+, F+. Asado a la cruz.	W,F+. Un pergamino antiguo y gastado	W, FC+-. Una tetera de porcelana.	W, F+-. Vertebra.	W, CF+-. Un collage.
Caso XVIII	D,M+. Dos personas de la mano.	D, Mp+, F+. Dos personas sentadas	D, Ma+, F+. Dos personas queriendo levantar una canasta.	W,F+-. Una persona disfrazada. Mascara.	W,FM+. Mariposa.	W, F-+. Un perro pittbull o San Bernardo.	W, Mp+, F+. Dos personas sentadas en un banco.	W, FMa+, F+. ,F+. Animal caminando en piedra y rio.	W,CF+. Una planta.	W,FC+ ,F+,F+. Persona disfrazada de carnaval.

BIBLIOGRAFÍA CONSULTADA

o Ley 25087

o DSM IV

o ESTRELLA, O. De los Delitos Sexuales. Ed. José Luis Depalma. Buenos Aires, 2005.

o FREUD, S. El Malestar en la cultura. Ed. Amorrotu.-

o FREUD, S. Introducción al Narcisismo (1914). Ed. Amorrortu.-

o FREUD, S. Algunos tipos de carácter dilucidados por el trabajo psicoanalítico. (1916). Ed. Amorrortu.-

o GREEN, A. El pensamiento clínico. Ed. Amorrortu.-

o GREEN, A.: Narcisismo de vida, narcisismo de muerte. Ed. Amorrortu. 2da edición. 2012.-

o IACUZI, A,B: Delitos contra la integridad sexual. Articulaciones Psicoanalíticas. Desde las sombras del entre las rejas. Ed. De las tres lagunas.2010.-

o IACUZZI, A,B: Los enigmáticos laberintos carcelarios. Un itinerario psicoanalítico. Ed. De las tres lagunas. 2009.-

o INTEBI Irene V. Abuso Sexual Infantil en las Mejores Familias. Ed. Granica, Barcelona 1998.

o ILLESCAS S, R.: Manual para el tratamiento psicológico de los delincuentes. Ed. Pirámide. 2008.-

o LACAN, J. Introducción teórica a las funciones del psicoanálisis en criminología (29 de Mayo de 1950).-

o LETAIF G, A: Justicia, subjetividad y Ley en América Latina. Una mirada psicojuridica sobre la criminalidad actual homicidio, trata de personas y delitos intrafamiliares. Ed. Brujas.2011.-

o MOLLO J.P.: Psicoanálisis y Criminología. Ed. Paidos.2010.-

o NUDEL C.R: Herramientas para la pericia psicológica en delitos sexuales intrafamiliares. Ed. Akadia. 2009.-

o PASSALACQUA A, GRAVENHORST M. Los Fenómenos especiales en Rorschach. ED. JVE.

ÍNDICE

Impreso en la Ciudad Autónoma de Buenos Aires, Argentina,
abril de 2015, en Amerian S.R.L.
(011) 4815 6031 / 0448
info@ameriangraf.com.ar

www.ingramcontent.com/pod-product-compliance
Lightning Source LLC
Chambersburg PA
CBHW070915280326
41934CB00008B/1725